Sight

읽을 수 있어요. 의미를 알아요.

Day		사이트 워드	발음	뜻
Day 1	1	I	☐	☐
	2	a	☐	☐
	3	in	☐	☐
	4	big	☐	☐
	5	can	☐	☐
	6	come	☐	☐
	7	am	☐	☐
	8	for	☐	☐
Day 2	9	the	☐	☐
	10	you	☐	☐
	11	and	☐	☐
	12	it	☐	☐
	13	is	☐	☐
	14	to	☐	☐
	15	not	☐	☐
	16	said	☐	☐
Day 3	17	we	☐	☐
	18	one	☐	☐
	19	go	☐	☐
	20	me	☐	☐
	21	look	☐	☐
	22	two	☐	☐
	23	see	☐	☐
	24	are	☐	☐

Day		사이트 워드	발음	뜻
Day 4	25	make	☐	☐
	26	find	☐	☐
	27	up	☐	☐
	28	my	☐	☐
	29	help	☐	☐
	30	three	☐	☐
	31	here	☐	☐
	32	where	☐	☐
Day 5	33	play	☐	☐
	34	away	☐	☐
	35	he	☐	☐
	36	down	☐	☐
	37	little	☐	☐
	38	be	☐	☐
	39	at	☐	☐
	40	have	☐	☐
Day 6	41	all	☐	☐
	42	on	☐	☐
	43	what	☐	☐
	44	they	☐	☐
	45	this	☐	☐
	46	like	☐	☐
	47	with	☐	☐
	48	but	☐	☐

		사이트 워드	발음	뜻
Day 7	49	do	☐	☐
	50	will	☐	☐
	51	she	☐	☐
	52	that	☐	☐
	53	into	☐	☐
	54	was	☐	☐
	55	there	☐	☐
	56	so	☐	☐
Day 8	57	our	☐	☐
	58	came	☐	☐
	59	did	☐	☐
	60	out	☐	☐
	61	now	☐	☐
	62	who	☐	☐
	63	good	☐	☐
	64	new	☐	☐
Day 9	65	no	☐	☐
	66	say	☐	☐
	67	too	☐	☐
	68	want	☐	☐
	69	must	☐	☐
	70	well	☐	☐
	71	went	☐	☐
	72	under	☐	☐

		사이트 워드	발음	뜻
Day 10	73	an	☐	☐
	74	ride	☐	☐
	75	saw	☐	☐
	76	yes	☐	☐
	77	after	☐	☐
	78	again	☐	☐
	79	please	☐	☐
	80	any	☐	☐
Day 11	81	as	☐	☐
	82	ask	☐	☐
	83	by	☐	☐
	84	from	☐	☐
	85	every	☐	☐
	86	could	☐	☐
	87	give	☐	☐
	88	had	☐	☐
Day 12	89	her	☐	☐
	90	him	☐	☐
	91	has	☐	☐
	92	some	☐	☐
	93	how	☐	☐
	94	just	☐	☐
	95	know	☐	☐
	96	of	☐	☐

		사이트 워드	발음	뜻
	97	may		
	98	live		
	99	his		
Day 13	100	old		
	101	once		
	102	open		
	103	over		
	104	put		
	105	let		
	106	take		
	107	think		
Day 14	108	walk		
	109	were		
	110	them		
	111	then		
	112	when		
	113	best		
	114	both		
	115	call		
Day 15	116	around		
	117	because		
	118	before		
	119	don't		
	120	does		

		사이트 워드	발음	뜻
	121	first		
	122	read		
	123	found		
Day 16	124	made		
	125	its		
	126	or		
	127	many		
	128	off		
	129	right		
	130	tell		
	131	use		
Day 17	132	their		
	133	these		
	134	us		
	135	very		
	136	which		
	137	your		
	138	work		
	139	would		
Day 18	140	write		
	141	about		
	142	better		
	143	carry		
	144	why		

		사이트 워드	발음	뜻
Day 19	145	if	☐	☐
	146	kind	☐	☐
	147	light	☐	☐
	148	long	☐	☐
	149	much	☐	☐
	150	far	☐	☐
	151	hurt	☐	☐
	152	keep	☐	☐
Day 20	153	never	☐	☐
	154	only	☐	☐
	155	more	☐	☐
	156	own	☐	☐
	157	small	☐	☐
	158	show	☐	☐
	159	start	☐	☐
	160	try	☐	☐

초등 저학년이 꼭 알아야 할 통문자 단어 160개

기적의
사이트 워드

주선이 지음

길벗스쿨

저자 주선이

영어교육을 전공하고, 중학교 교사를 거쳐 ㈜대교에서 근무했다. 영어 학원을 운영하며 리터러시를 기반으로 한 영어독서프로그램을 개발하고 지도하였다. 다수의 베스트셀러 영어교재를 집필하고 온라인 및 방송 프로그램 기획에 참여하였다. 어린이 학습자에게 도움이 되는 영어 학습법과 콘텐츠 개발을 위해 꾸준히 노력하고 있다. 현재 ㈜캐치잇플레이에서 모바일 영어학습 앱 '캐치잇 잉글리시'를 개발 중이다.

저서 〈기적의 맨처음 영단어〉, 〈기적의 영어문장 만들기〉, 〈기적의 영어문장 트레이닝 800〉, 〈기적의 문법+영작〉, 〈영리한 영문법〉, 〈영리한 영문장 쓰기〉, 〈초등 영어를 결정하는 파닉스〉 등

기적의 사이트 워드
Miracle Series – Sight Words

초판 발행 · 2019년 11월 30일
초판 14쇄 발행 · 2024년 2월 28일

지은이 · 주선이
발행인 · 이종원
발행처 · 길벗스쿨
출판사 등록일 · 2006년 7월 1일 | **주소** · 서울시 마포구 월드컵로 10길 56(서교동)
대표 전화 · 02)332-0931 | **팩스** · 02)323-0586
홈페이지 · www.gilbutschool.co.kr | **이메일** · gilbut@gilbut.co.kr

기획 및 책임 편집 · 이경희(natura@gilbut.co.kr) | **디자인** · 신세진 | **제작** · 손일순, 김우식
영업마케팅 · 김진성, 문세연, 박선경, 박다슬 | **웹마케팅** · 박달님, 이재윤, 이지수, 나혜연 | **영업관리** · 정경화
독자지원 · 윤정아

편집진행 · 김현정 | **전산편집** · 연디자인 | **표지삽화** · 김성연 | **본문삽화** · 예뜨 | **영문 감수** · Ryan P. Lagace
인쇄 · 벽호 | **제본** · 신정 | **녹음** · YR미디어

ISBN 979-11-6406-153-2 64740 (길벗 도서번호 30591)
정가 15,000원

독자의 1초를 아껴주는 정성 길벗출판사
길벗 | IT실용서, IT/일반 수험서, IT전문서, 경제실용서, 취미실용서, 건강실용서, 자녀교육서
더퀘스트 | 인문교양서, 비즈니스서
길벗이지톡 | 어학단행본, 어학수험서
길벗스쿨 | 국어학습서, 수학학습서, 유아학습서, 어학학습서, 어린이교양서, 교과서, 학습 단행본

길벗스쿨 공식 카페 〈기적의 공부방〉· cafe.naver.com/gilbutschool
인스타그램 / 카카오플러스친구 · @gilbutschool

제 품 명 : 기적의 사이트 워드
제조사명 : 길벗스쿨
제조국명 : 대한민국
전화번호 : 02-332-0931
주   소 : 서울시 마포구 월드컵로
          10길 56 (서교동)
제조년월 : 판권에 별도 표기
사용연령 : 7세 이상
KC마크는 이 제품이 공통안전기준에
적합하였음을 의미합니다.

Phonics에 Sight Words를 더하면 읽기 준비 끝!

우리 아이들이 첫 영어 단어를 배울 때 무엇부터 시작할까요? 보통 그림으로 의미를 쉽게 알 수 있는 단어나 파닉스 규칙에 따른 단어를 배우게 되죠. 그러나 파닉스를 배우고 막상 영어 읽기를 시작하면 생각처럼 자연스럽게 읽지 못하고 어려워하게 됩니다. 왜 그럴까요?

미국에서는 1936년에 E. W. Dolch 박사가 어린이의 책을 분석하여 가장 자주 쓰이는 단어들을 골라 읽기의 '도구'로 처음 소개했습니다. 1996년 이후 Edward B. Fry 박사가 이를 더 확장시킨 단어들을 소개하였고, 초등학교 학년별로 지도하고 있습니다. 이는 어린이 책의 50%~70%를 차지하는 등장 빈도가 높은 단어들(high-frequency words)로, 보자마자 한 눈에 바로 읽어야 한다는 의미에서 사이트 워드(sight words)라고도 합니다.
어떤 단어들이 해당될까요?

the	a	it	he	this	or	all	so	who
be	in	for	as	but	an	would	up	to

사이트 워드는 다음과 같은 특징이 있습니다.
① 읽는 방식이 파닉스 규칙에서 벗어난다.
② 뜻을 우리말이나 그림으로 분명히 나타내기 어렵다.
③ 주로 문장에서 기능적인 역할(대명사, 접속사, 전치사)을 한다.

따라서 사이트 워드를 바로 읽어낼 수 있어야 읽기 속도와 정확성을 높일 수 있습니다. 사이트 워드를 쉽게 익히는 방법은 단어 자체를 이미지화하여 통문자 방식으로 철자와 발음을 기억하는 것입니다.

이 책은 읽기 단계로 넘어가는 초등 자녀들의 자학자습에 가장 알맞은 형태로 구성하였습니다. 이 책으로 사이트 워드를 쉽게 마스터할 수 있으니 20일간 꾸준히 학습하여 좋은 성과를 경험해 보길 바랍니다.

저자 주선이

1 언어교육 학자가 제시하는 사이트 워드 160개

미국 초등학교 1,2학년이 학교에서 필수로 익히는 사이트 워드 160개를 선별했습니다.
파닉스 학습만으로는 놓치기 쉬운 사용 빈도 높은 어휘를 학습합니다.

2 사이트 워드를 확실히 익히는 3단계 학습 구성

❶ 철자와 발음 익히기 → ❷ 문제로 확인 연습 → ❸ 스토리 읽기로 연결되는 탄탄한 학습
설계를 갖췄어요.

3 신나는 챈트, 큼직한 단어카드, 재미있는 스토리까지!

저학년 아이들의 학습 흥미를 이끌어주는 다양한 학습장치를 담아,
자칫 어려워질 수 있는 사이트 워드 학습이 즐겁게 이어집니다.

4 딱 20일 학습으로 사이트 워드를 마스터!

하루에 8개 단어씩, 20일 집중 학습하여 영어 읽기를 위한 기초를 탄탄히 마련합니다.

QR코드로 쉽게 듣기

휴대전화로 QR코드를 찍어 바로 학습 음원을 들을 수 있습니다. 또한 길벗스쿨 홈페이지에서 전체 MP3파일을 내려받을 수 있습니다.

읽기 연습용 부록 자료

본책에서 배운 160개 사이트 워드와 파닉스 단어가 포함된 짧은 문장 읽기 연습을 통해 읽기 자신감을 키워보세요!

Hi

챈트를 따라 부르며 발음 익히기

사이드 워드의 발음과 철자를 즐겁게 익힐 수 있는 챈트를 담았습니다. 귀로 발음을 듣고 손으로 단어 철자를 짚어가며 여러 번 반복해 듣고 따라 불러 보세요.

단어를 영어 표현에서 찾아 읽어보기

사이트 워드의 뜻을 익힌 뒤, 사이트 워드가 쓰이는 예시를 익힐 수 있도록 의미 구(phrase)를 찾아 읽어 보세요.

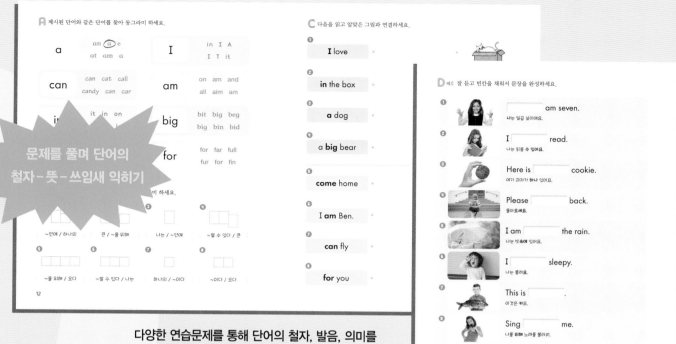

다양한 연습문제를 통해 단어의 철자, 발음, 의미를
다시 한 번 되짚어보며 실력을 다져 봅니다.

이제, 실제 읽기 연습을 통해 문장 속의 사이트 워드를 쉽게 읽어내고
전체 문장의 의미를 정확하게 파악하는 연습을 합니다.

Sight words,
sight words!
Let's learn some
sight words!

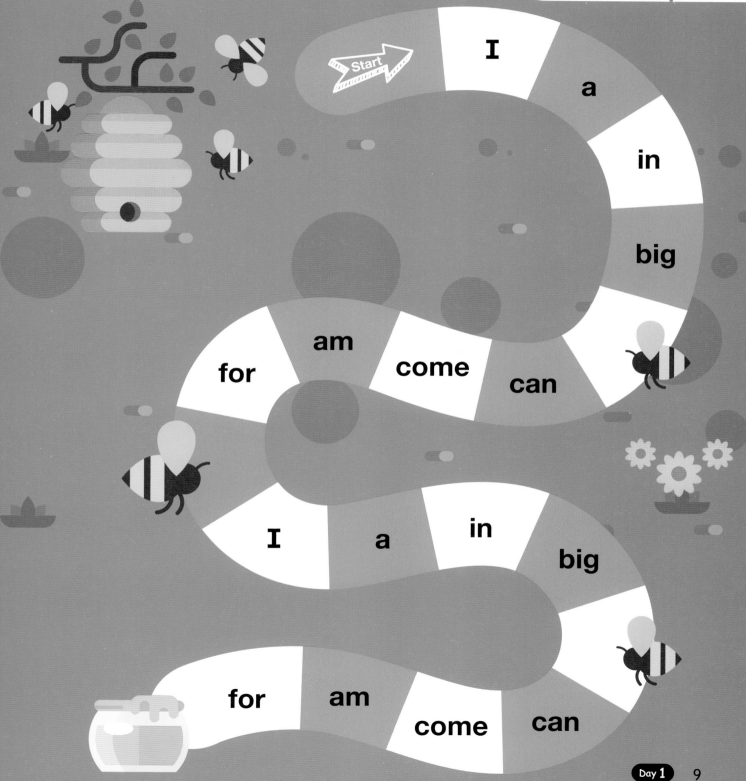

1	**I** 나는
2	**a** 하나의
3	**in** ~에, 안에
4	**big** 큰

사이트 워드의 뜻을 익히고, 해당 단어가 쓰인 표현을 찾아 큰 소리로 읽어보세요.

I love

나는 사랑한다

in the box

상자 안에

a dog

개 한 마리

a big bear

큰 곰 한 마리

come home
집에 오다

can fly
날 수 있다

I am Ben.
나는 벤이야.

for you
너를 위해

can 5
~할 수 있다

come 6
오다

am 7
~이다, 있다

for 8
~을 위해

읽을 수 있으면 ○표를, 뜻을 알면 ∨표를 하세요.

I	a	in	big	can	come	am	for
○ ✓							

A 제시된 단어와 같은 단어를 찾아 동그라미 하세요.

| a | an (a) e
at am a |
| I | in I A
I T it |

| can | can cat call
candy can car |
| am | on am and
all aim am |

| in | it in on
ill at in |
| big | bit big beg
big bin bid |

| come | came come cone
com calm come |
| for | for far full
fur for fin |

B ◀)) 들리는 단어를 쓰고, 알맞은 뜻에 동그라미 하세요.

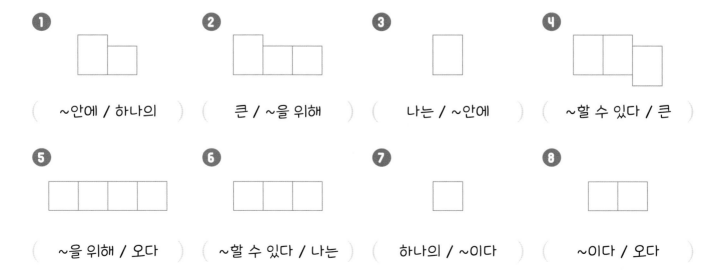

❶ ~안에 / 하나의

❷ 큰 / ~을 위해

❸ 나는 / ~안에

❹ ~할 수 있다 / 큰

❺ ~을 위해 / 오다

❻ ~할 수 있다 / 나는

❼ 하나의 / ~이다

❽ ~이다 / 오다

C 다음을 읽고 알맞은 그림과 연결하세요.

❶ **I** love

❷ **in** the box

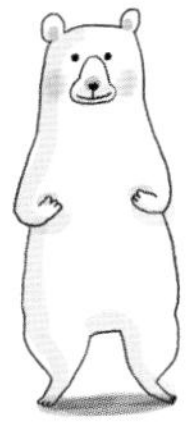

❸ **a** dog

❹ a **big** bear

❺ **come** home

❻ I **am** Ben.

❼ **can** fly

❽ **for** you

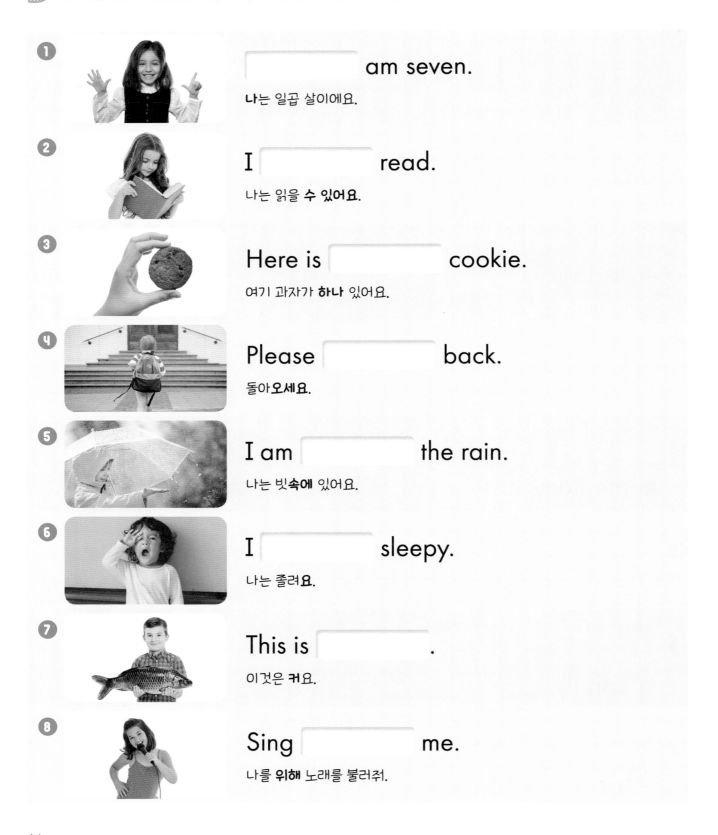

1 ___ am seven.

나는 일곱 살이에요.

2 I ___ read.

나는 읽을 **수 있어요**.

3 Here is ___ cookie.

여기 과자가 **하나** 있어요.

4 Please ___ back.

돌아**오세요**.

5 I am ___ the rain.

나는 빗**속에** 있어요.

6 I ___ sleepy.

나는 졸려**요**.

7 This is ___ .

이것은 **커**요.

8 Sing ___ me.

나를 **위해** 노래를 불러줘.

I am **Ben.**
Max is a big **dog.**

> **Max!**

Max is in the **box.**
He can **hide.**

☐ box 상자   ☐ hide 숨다

Max is in the yard.
He can play.

Come here, Max.

I am home.
Max is in the rain.
"Come here, Max."

☐ yard 마당 ☐ play 놀다 ☐ home 집 ☐ rain 비 ☐ here 여기에, 여기로

16

9

the
그, 〈유일한 존재 앞에〉

10

you
너는, 너를

11

and
~와, 그리고

12

it
그것은, 그것을

사이트 워드의 뜻을 익히고, 해당 단어가 쓰인 표현을 찾아 큰 소리로 읽어보세요.

like it
그것을 **좋아하다**

a dog and a cat
개와 **고양이**

the books
그 **책들**

you and I
너**와 나**

not good
좋지 않은

It is my book.
그것은 내 책이다.

walk to school
학교로 걸어가다

said "Hi!"
'안녕!'이라고 말했다

is 13
~이다, 있다

to 14
~로, ~에

not 15
~아니다, 않다

said 16
말했다

읽을 수 있으면 ○표를, 뜻을 알면 ∨표를 하세요.

the	you	and	it	is	to	not	said
○	✓						

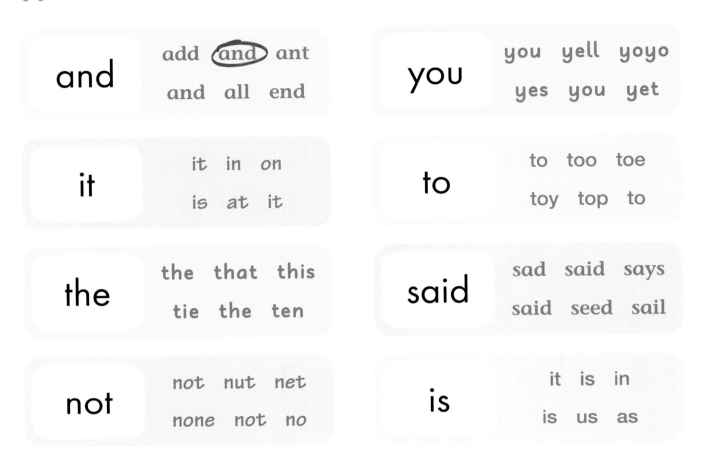

and
add ~~and~~ ant
and all end

you
you yell yoyo
yes you yet

it
it in on
is at it

to
to too toe
toy top to

the
the that this
tie the ten

said
sad said says
said seed sail

not
not nut net
none not no

is
it is in
is us as

B 들리는 단어를 쓰고, 알맞은 뜻에 동그라미 하세요.

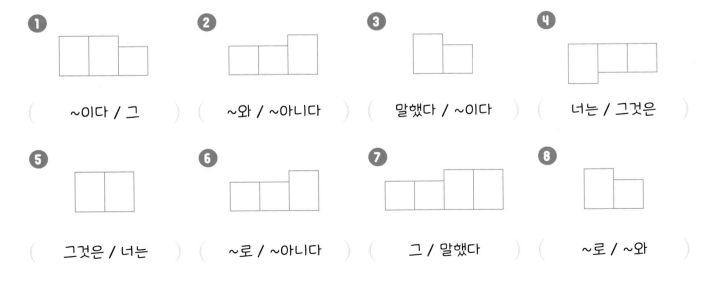

① (~이다 / 그)

② (~와 / ~아니다)

③ (말했다 / ~이다)

④ (너는 / 그것은)

⑤ (그것은 / 너는)

⑥ (~로 / ~아니다)

⑦ (그 / 말했다)

⑧ (~로 / ~와)

C 다음을 읽고 알맞은 그림과 연결하세요.

1 **you** and I

2 like **it**

3 **the** books

4 a dog **and** a cat

5 **not** good

6 It **is** my book.

7 walk **to** school

8 **said** "Hi!"

🔊 잘 듣고 빈칸을 채워서 문장을 완성하세요.

1
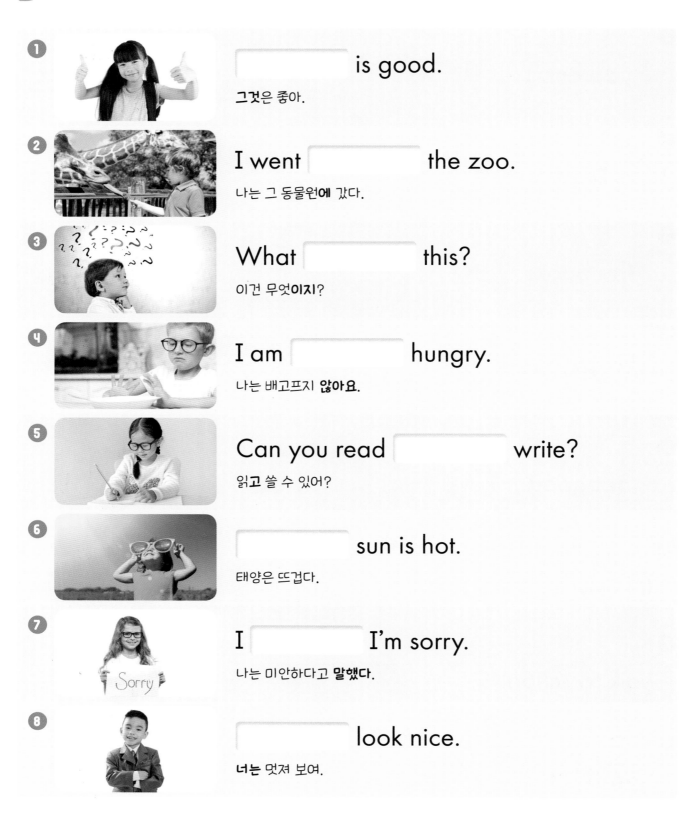
_____ is good.
그것은 좋아.

2
I went _____ the zoo.
나는 그 동물원에 갔다.

3
What _____ this?
이건 무엇이지?

4
I am _____ hungry.
나는 배고프지 **않아요**.

5
Can you read _____ write?
읽고 쓸 수 있어?

6
_____ sun is hot.
태양은 뜨겁다.

7
I _____ I'm sorry.
나는 미안하다고 **말했다**.

8
_____ look nice.
너는 멋져 보여.

🔊 잘 듣고 큰 소리로 따라 읽으세요. ☐☐☐

A dog and a cat fight.
I said, "Stop it!"

Stop it!

I went to the park.
"Oh, the dog and the cat!
You are not good friends."

☐fight 싸우다 ☐stop 멈추다 ☐went 갔다 ☐park 공원 ☐friend 친구

I went to the market.
"Oh, it is the bad dog."

"The fish is for the cat.
You are good friends!"

Day 3

me

go

look

one

two

we

see

Start

are

me   go

one   we

look

two   see   are

17

we
우리는

18

one
1, 하나

19

go
가다

20

me
나를, 나에게

사이트 워드의 뜻을 익히고, 해당 단어가 쓰인 표현을
찾아 큰 소리로 읽어보세요.

call me

내게 전화하다

We can do it!

우리는 할 수 있다!

one more

하나 더

go to bed

자러 (침대에) 가다

look out
밖을 보다

see a ghost
유령을 보다

We are a family.
우리는 한 가족이다.

two dogs
강아지 2마리

읽을 수 있으면 ○표를, 뜻을 알면 ∨표를 하세요.

we	one	go	me	look	two	see	are
○	✓						

look 21
보다

two 22
2, 둘

see 23
보다, 만나다

are 24
~이다, 있다

A 제시된 단어와 같은 단어를 찾아 동그라미 하세요.

we — we week wet / bee we win

one — one own oil / won out one

go — go goes do / good to go

look — took look log / luck love look

me — me am meet / mat me map

are — and ear are / are add ask

see — sea see seal / sad saw see

two — too two toe / two to top

B ◀)) 들리는 단어를 쓰고, 알맞은 뜻에 동그라미 하세요.

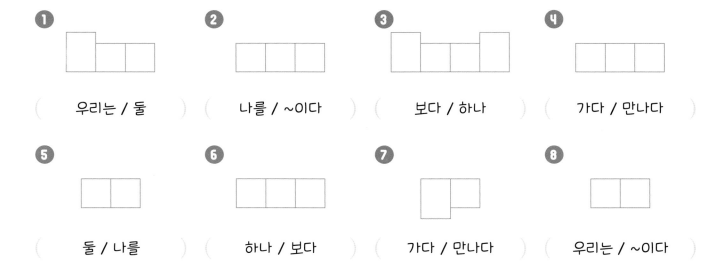

1. 우리는 / 둘
2. 나를 / ~이다
3. 보다 / 하나
4. 가다 / 만나다
5. 둘 / 나를
6. 하나 / 보다
7. 가다 / 만나다
8. 우리는 / ~이다

C 다음을 읽고 알맞은 그림과 연결하세요.

1 **one** more

2 call **me**

3 **go** to bed

4 **We** can do it!

5 **two** dogs

6 **look** out

7 **see** a ghost

8 We **are** a family.

D ◀)) 잘 듣고 빈칸을 채워서 문장을 완성하세요.

① [   ] have a dream.
우리는 꿈이 있어요.

② [   ] you soon!
곧 **만나**!

③ Let's [   ] to the party.
파티에 **가자**.

④ We [   ] good friends.
우리는 좋은 친구**야**.

⑤ I have [   ] hands.
나는 손이 **두** 개예요.

⑥ I have [   ] sister.
나는 여동생이 **하나** 있어요.

⑦ [   ] at me!
나를 **봐**!

⑧ Wait for [   ]!
나를 기다려줘!

30

One, two.
We are two **brothers.**

"Look!"
I can see two **birds.**
But my brother can't.

□ brother 형제, 남동생, 형 □ bird 새

"Let me help you.
We can go out.
We are one!"

One, two.
The two brothers can see
the two birds.

□let ~하게 하다   □help 돕다   □out 밖에

32

손가락으로 단어를 짚으며 챈트를 듣고, 소리를 익혀보세요.

Start make find up my

help

three

up find make where here

my

help three here

where

25

make
만들다

26

find
찾다, 발견하다

27

up
위에

28

my
나의

사이트 워드의 뜻을 익히고, 해당 단어가 쓰인 표현을
찾아 큰 소리로 읽어보세요.

my birthday
나의 생일

The sun is up.
해가 (위에) 떠 있다.

find my shoes
내 신발을 찾다

make a cake
케이크를 만들다

three pens
펜 3개

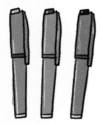

Here you are.
여기 있어.

Where are you?
너는 어디에 있니?

help me
나를 도와주다

읽을 수 있으면 ○표를, 뜻을 알면 ∨표를 하세요.

make	find	up	my	help	three	here	where
○ ✓							

help 29
도와주다

three 30
3, 셋

here 31
여기(에)

where 32
어디에

A 제시된 단어와 같은 단어를 찾아 동그라미 하세요.

my — may (my) by / my me merry

find — fine find fin / fire fill find

make — mail mask make / made make mark

help — help hell hide / hen hold help

up — up us cup / hip up tub

three — there three throw / three truck thread

here — hear here head / hair hard here

where — when where / where wheel

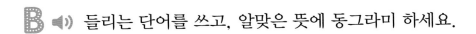

B 🔊 들리는 단어를 쓰고, 알맞은 뜻에 동그라미 하세요.

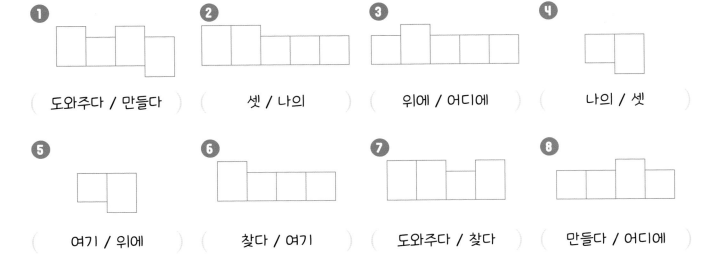

① 도와주다 / 만들다

② 셋 / 나의

③ 위에 / 어디에

④ 나의 / 셋

⑤ 여기 / 위에

⑥ 찾다 / 여기

⑦ 도와주다 / 찾다

⑧ 만들다 / 어디에

C 다음을 읽고 알맞은 그림과 연결하세요.

1 The sun is **up**.

2 **my** birthday

3 **make** a cake

4 **find** my shoes

5 **three** pens

6 **Here** you are.

7 **Where** are you?

8 **help** me

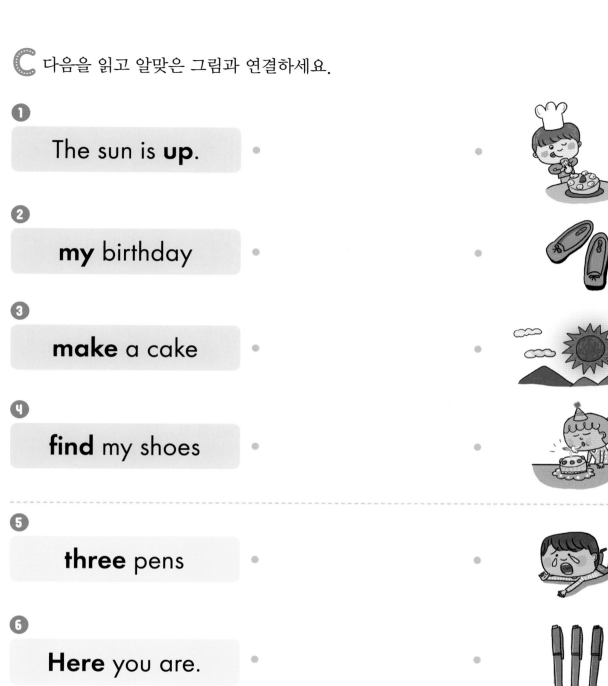

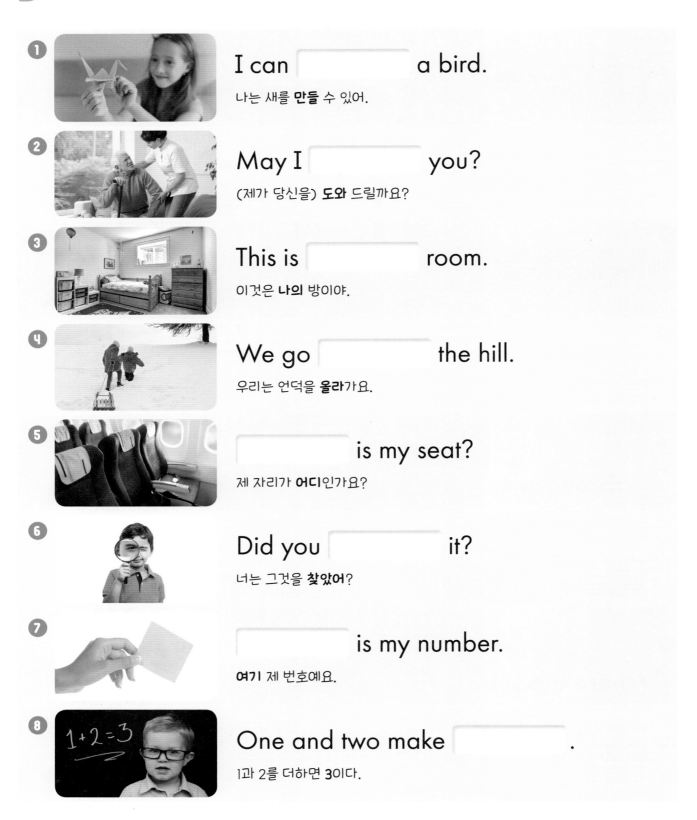

1 I can [   ] a bird.

나는 새를 **만들** 수 있어.

2 May I [   ] you?

(제가 당신을) **도와** 드릴까요?

3 This is [   ] room.

이것은 **나의** 방이야.

4 We go [   ] the hill.

우리는 언덕을 **올라**가요.

5 [   ] is my seat?

제 자리가 **어디**인가요?

6 Did you [   ] it?

너는 그것을 **찾았어**?

7 [   ] is my number.

여기 제 번호예요.

8 One and two make [   ].

1과 2를 더하면 **3**이다.

It's May third.
I help Mom.
We make a cake.

I help Dad at three.
We hang up the balloons.

☐ May third 5월 3일   ☐ cake 케이크   ☐ hang up 위에 매달다   ☐ balloon 풍선

"Where are you, Adam?"
Mom can't find my brother.

"Oh, here you are!"
"Happy birthday!"
It's my brother's birthday!

손가락으로 단어를 짚으며 챈트를 듣고, 소리를 익혀보세요.

Day 5

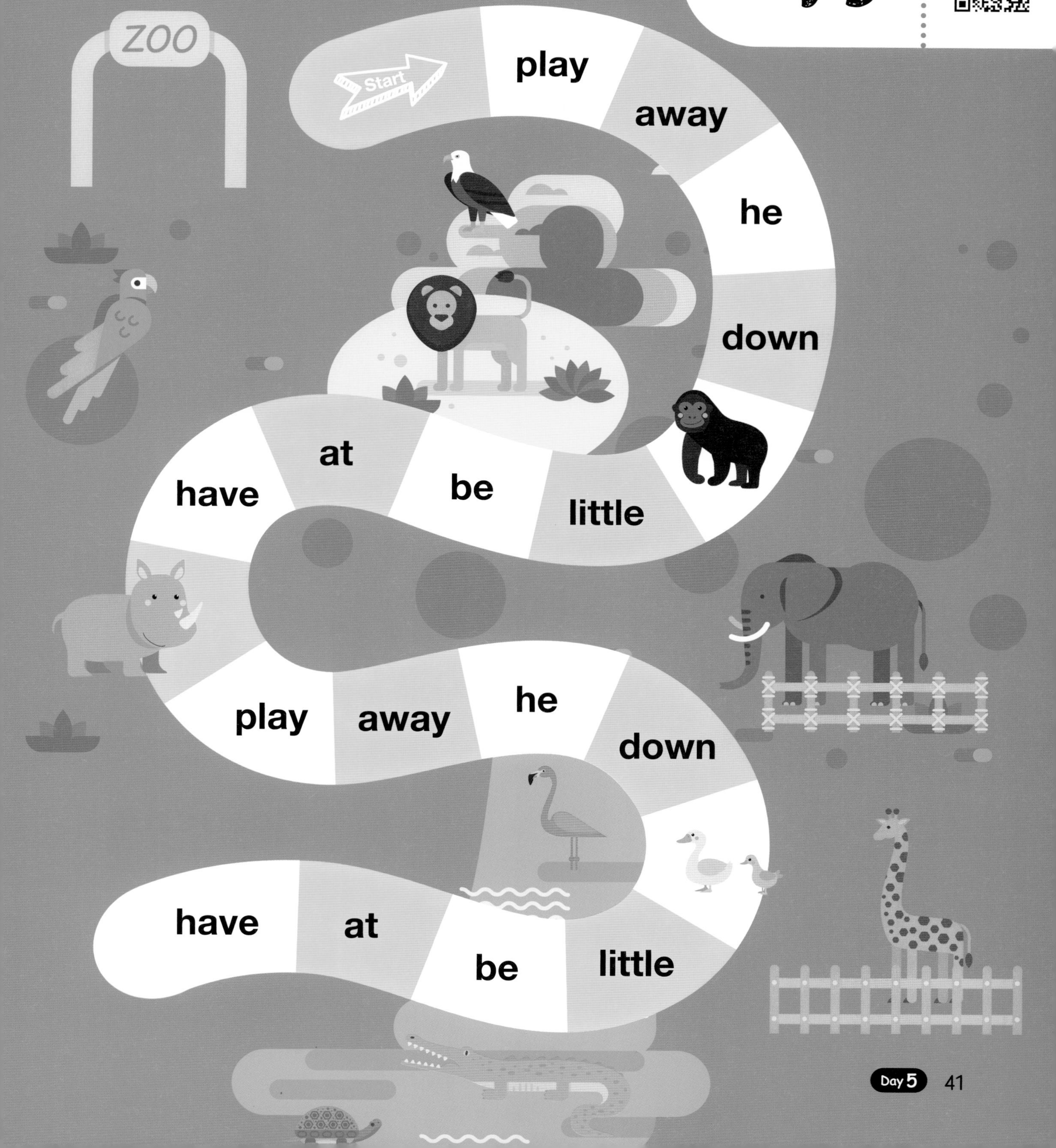
ZOO
Start
play
away
he
down
little
be
at
have
play
away
he
down
little
be
at
have

33

play
놀다

34

away
다른 데로

35

he
그는

36

down
아래로

사이트 워드의 뜻을 익히고, 해당 단어가 쓰인 표현을
찾아 큰 소리로 읽어보세요.

run away
달아나다

He is my friend.
그는 내 친구다.

sit down
앉다

play soccer
축구를 하다

my little brother

나의 어린 남동생

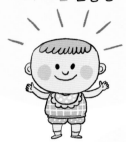

have a dog

개를 가지고 있다

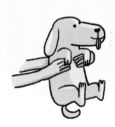

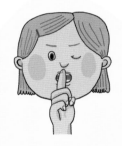

Be quiet, please.

조용히 해 주세요.

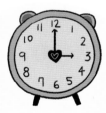

at three

3시에

읽을 수 있으면 ○표를, 뜻을 알면 ∨표를 하세요.

play	away	he	down	little	be	at	have
○ ∨							

37

little

작은, 어린

38

be

~이다, 있다

39

at

~에, ~에서

40

have

가지다, 먹다

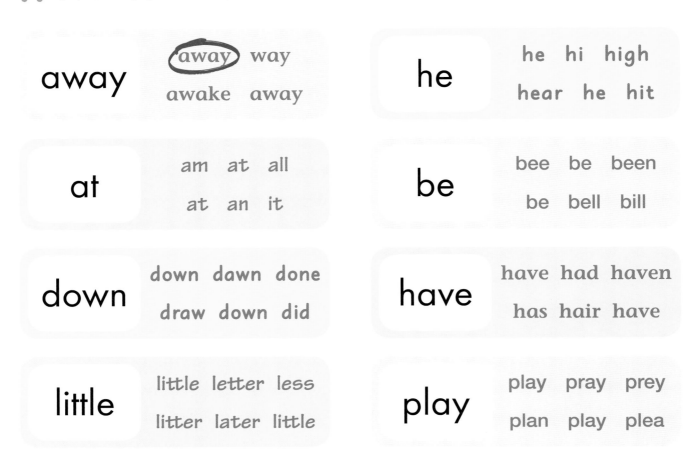

away — away way awake away

he — he hi high hear he hit

at — am at all at an it

be — bee be been be bell bill

down — down dawn done draw down did

have — have had haven has hair have

little — little letter less litter later little

play — play pray prey plan play plea

B 🔊 들리는 단어를 쓰고, 알맞은 뜻에 동그라미 하세요.

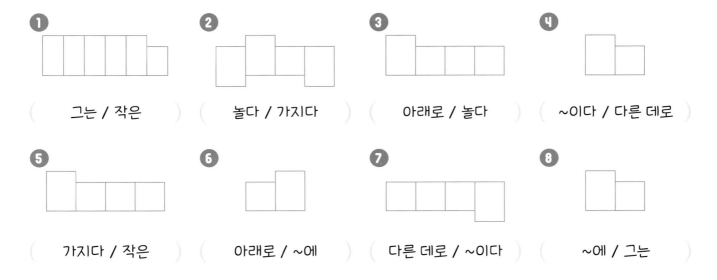

① (그는 / 작은)

② (놀다 / 가지다)

③ (아래로 / 놀다)

④ (~이다 / 다른 데로)

⑤ (가지다 / 작은)

⑥ (아래로 / ~에)

⑦ (다른 데로 / ~이다)

⑧ (~에 / 그는)

C 다음을 읽고 알맞은 그림과 연결하세요.

① sit **down** •

② run **away** •

③ **He** is my friend. •

④ **play** soccer •

⑤ **at** three •

⑥ **Be** quiet, please. •

⑦ **have** a dog •

⑧ my **little** brother •

🔊 잘 듣고 빈칸을 채워서 문장을 완성하세요.

1 We _____ outside.

우리는 바깥에서 **논다**.

2 Don't _____ late.

늦지 마.

3 Have fun _____ the party.

파티**에서** 재미있게 보내.

4 It's a _____ house.

그것은 **작은** 집이다.

5 We _____ lunch at noon.

우리는 정오에 점심을 **먹는다**.

6 He walked _____ .

그는 떠나 버렸다 [**다른 곳으로** 걸어갔다].

7 Is _____ at home?

그는 집에 있나요?

8 She jumped _____ .

그녀는 뛰어 **내렸다**.

Mom says,
"Don't be late!
Don't go far away!"

It's time to play!
I play at the beach.
It is not far away.

□late 늦은   □far 멀리   □time 시간   □beach 바닷가

I see a little boy.
He is my friend.
He is playing with sand.

We can go up and down.
We can swim.

We have fun at the beach.

□ boy 남자아이　□ sand 모래　□ swim 수영하다　□ fun 재미, 즐거움

48

Day 6

Start

all

on

what

they

with like this

but

all on what they

but with like this

41 **all**
모두

42 **on**
~ 위에

43 **what**
무엇

44 **they**
그들은, 그것들은

사이트 워드의 뜻을 익히고, 해당 단어가 쓰인 표현을
찾아 큰 소리로 읽어보세요.

on the table
탁자 위에

They all have fun.
그들은 모두 즐겁다.

What is this?
이것은 무엇인가요?

They are your books.
그것들은 너의 책이다.

but I can't

그러나 난 할 수 없다

like puzzles

퍼즐을 좋아하다

with his mom

그의 엄마와 함께

this bag

이 가방

읽을 수 있으면 ○표를, 뜻을 알면 ∨표를 하세요.

all	on	what	they	this	like	with	but
○ ✓							

---

this 45

이것, 이 사람, 이

like 46

좋아하다

with 47

~와 함께

but 48

그러나

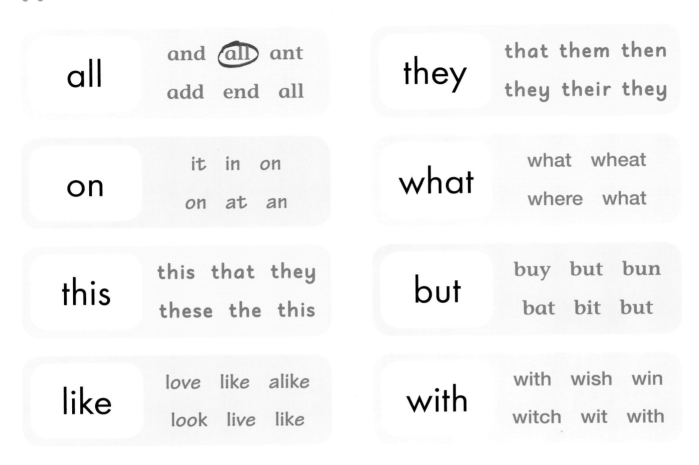

A 제시된 단어와 같은 단어를 찾아 동그라미 하세요.

| all | and **all** ant
add end all | they | that them then
they their they |

| on | it in on
on at an | what | what wheat
where what |

| this | this that they
these the this | but | buy but bun
bat bit but |

| like | love like alike
look live like | with | with wish win
witch wit with |

B 🔊 들리는 단어를 쓰고, 알맞은 뜻에 동그라미 하세요.

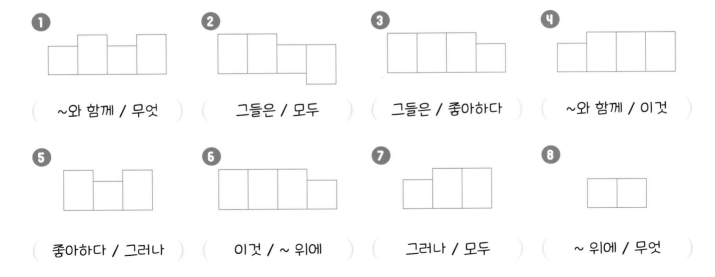

1 (~와 함께 / 무엇)

2 (그들은 / 모두)

3 (그들은 / 좋아하다)

4 (~와 함께 / 이것)

5 (좋아하다 / 그러나)

6 (이것 / ~ 위에)

7 (그러나 / 모두)

8 (~ 위에 / 무엇)

C 다음을 읽고 알맞은 그림과 연결하세요.

①

on the table

②

They are your books.

③

What is this?

④

They **all** have fun.

⑤

but I can't

⑥

with his mom

⑦

this bag

⑧

like puzzles

D 🔊 잘 듣고 빈칸을 채워서 문장을 완성하세요.

1
I ____ all of you.
나는 너희 모두 **좋아**.

2
____ is my teacher.
이분은 우리 선생님이다.

3
____ is this?
이건 **뭐**지?

4
They are ____ the bus.
그들은 버스**에** 있다.

5
Sorry, ____ I can't.
미안하**지만** 안 되겠어요.

6
I ate ____ my lunch.
나는 내 점심을 **모두** 먹었다.

7
I ____ all look happy.
그들은 모두 행복해 보인다.

8
You can come ____ me.
너는 나**와 같이** 가도 돼.

Girl: What is this, Mom?

Mom: A puzzle!

Girl: Play with us, Mom!

They like puzzles.
They all have fun.

☐ puzzle 퍼즐　☐ fun 재미, 즐거움

Girl: What is this
on the table, Dad?
Dad: New books!
Girl: Read with us, Dad!

They have a good time.
They like books, but
soon the little brother
gets bored.

□table 탁자　□read 읽다　□soon 곧　□get bored 지루해지다

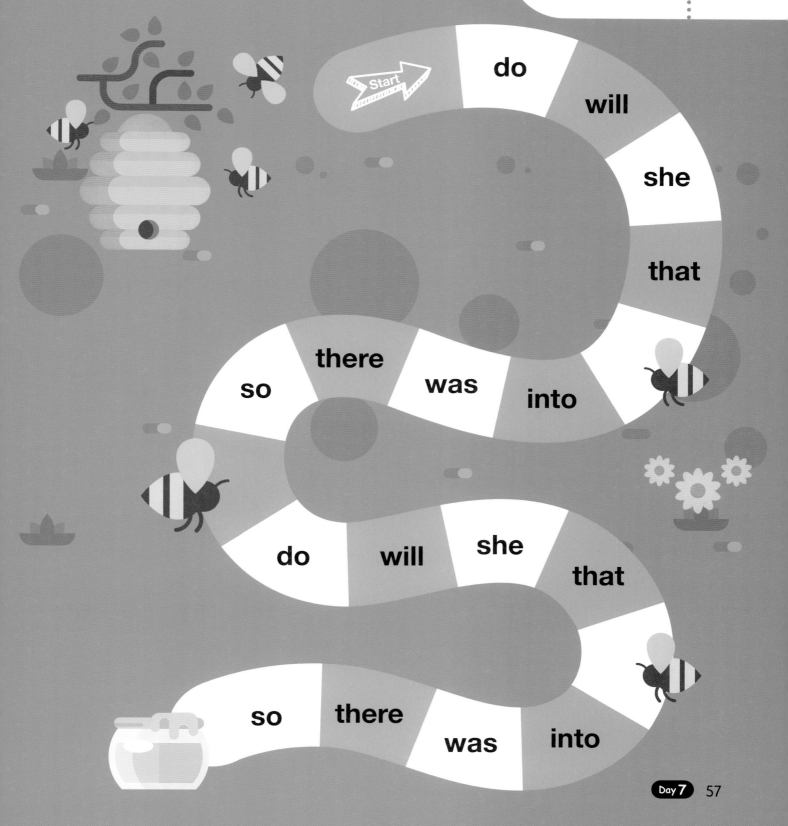

49
do
하다

50
will
~할 것이다

51
she
그녀는

52
that
저것, 저 사람, 저

사이트 워드의 뜻을 익히고, 해당 단어가 쓰인 표현을
찾아 큰 소리로 읽어보세요.

It will rain.

비가 내릴 것이다.

do my homework

숙제를 하다

that man over there

저기 저 남자

She is my mother.

그녀는 우리 엄마야.

put it there

그것을 거기에 두다

into the room

방 안으로

Thank you
so much.

정말 고마워요.

I was tired.

나는 피곤했다.

into 53

~ 안으로

was 54

~이었다, 있었다

there 55

거기에

so 56

매우, 정말

읽을 수 있으면 ○표를, 뜻을 알면 ∨표를 하세요.

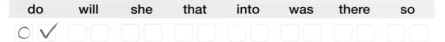

do	will	she	that	into	was	there	so
○	✓						

제시된 단어와 같은 단어를 찾아 동그라미 하세요.

was	(was) were wish win with was

into	onto into unto point out into

so	also so to as is so

do	do does did doing do done

she	he she ship she shell show

that	that they this then that them

will	will well wall with will wild

there	there here their there

B ◀) 들리는 단어를 쓰고, 알맞은 뜻에 동그라미 하세요.

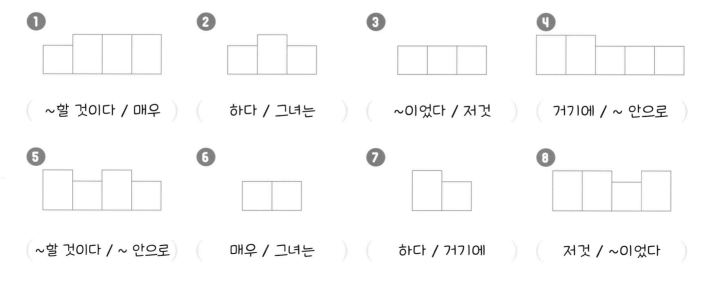

❶ ~할 것이다 / 매우

❷ 하다 / 그녀는

❸ ~이었다 / 저것

❹ 거기에 / ~ 안으로

❺ ~할 것이다 / ~ 안으로

❻ 매우 / 그녀는

❼ 하다 / 거기에

❽ 저것 / ~이었다

60

C 다음을 읽고 알맞은 그림과 연결하세요.

1
It **will** rain.

2
that man over there

3
She is my mother.

4
do my homework

5
Thank you **so** much.

6
put it **there**

7
I **was** tired.

8
into the room

1
[ ] your best.
최선을 다 **해라**.

2
Is [ ] you?
저게 너야?

3
What [ ] you do?
너는 무엇을 할 **거야?**

4
[ ] will be glad.
그녀는 기뻐할 거야.

5
She was [ ] pretty.
그녀는 **무척** 예뻤다.

6
It [ ] cold today.
오늘 (날씨가) **추웠다**.

7
They dived [ ] the water.
그들은 물 **속으로** 뛰어들었다.

8
We stayed [ ].
우리는 **거기에서** 머물렀다.

It was so **cold.**
I was so **hungry.**

I was **with my sister.**
She was so **tired.**

□ cold 추운   □ hungry 배고픈   □ sister 여자형제 (언니, 누나, 여동생)   □ tired 피곤한

"It will rain soon," said my sister.
I saw a little hut and said,
"Look at that!"

We went into the hut.
We stayed there.
The hut was so warm.

□ saw 보았다 □ hut 오두막 □ stay 머물다 □ warm 따뜻한

out

did

came

now

who

good

our

new

Start

out

did

came

our

now

who

good

new

57

our
우리의

58

came
왔다

59

did
했다

60

out
밖에

사이트 워드의 뜻을 익히고, 해당 단어가 쓰인 표현을
찾아 큰 소리로 읽어보세요.

our school

우리의 학교

You did
a good job!
잘했어!

came back

돌아왔다

go out and play
밖에 나가서 놀다

my new phone

내 새 전화기

good news

좋은 뉴스(소식)

Who is that girl?

저 여자애는 누구지?

right now

바로 지금

읽을 수 있으면 O표를, 뜻을 알면 ∨표를 하세요.

our	came	did	out	now	who	good	new
O	✓						

now `61`

지금

who `62`

누구, 누가

good `63`

좋은, 잘하는

new `64`

새로운

제시된 단어와 같은 단어를 찾아 동그라미 하세요.

out
about our (out)
scout out ours

came
come came call
came cast cave

good
good god geese
goal good goods

who
who whose why
when who what

now
now new know
low noon now

our
once our one
out hour our

did
do did done
bid die did

new
new now knew
snow new low

B 들리는 단어를 쓰고, 알맞은 뜻에 동그라미 하세요.

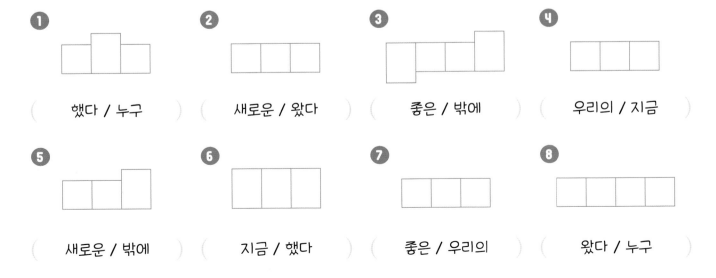

❶ (했다 / 누구)

❷ (새로운 / 왔다)

❸ (좋은 / 밖에)

❹ (우리의 / 지금)

❺ (새로운 / 밖에)

❻ (지금 / 했다)

❼ (좋은 / 우리의)

❽ (왔다 / 누구)

C 다음을 읽고 알맞은 그림과 연결하세요.

1 You **did** a good job! •

2 **came** back •

3 **our** school •

4 go **out** and play •

5 my **new** phone •

6 **good** news •

7 **Who** is that girl? •

8 right **now** •

D ◀)) 잘 듣고 빈칸을 채워서 문장을 완성하세요.

1 [_____] family went out.

우리 가족은 외출했다 [밖에 나갔다].

2 [_____] came in first?

누가 1등으로 들어왔어?

3 [_____] you hear me?

내 말 들었어?

4 Have a [_____] time!

좋은 시간 되세요!

5 No, not [_____].

아니, 지금 말고.

6 Happy [_____] Year!

새해 복 많이 받으세요!

7 We will eat [_____].

우리는 외식할 [밖에서 먹을] 거야.

8 Snow [_____] down.

눈이 내렸다.

The sun came out.
"Let's go fishing now!"
Dad and I went fishing.

We were on our new boat.
We were not good at fishing.
We waited and waited.

☐ fish 낚시하다, 물고기   ☐ went 갔다   ☐ were ~였다, 있었다   ☐ boat 배   ☐ wait 기다리다

"Who is that boy?" asked Dad.
He was good at fishing!

We came to him.
It was Mike!
"Did you see my fish?" asked Mike.
It was a really big fish!

want

too

must

say

well

no

went

Start

under

want

too

say

no

must

well

went

under

65

no
아니

66

say
말하다

67

too
또한, ~도

68

want
원하다

사이트 워드의 뜻을 익히고, 해당 단어가 쓰인 표현을
찾아 큰 소리로 읽어보세요.

yes or no
예 또는 아니오

want to dance
춤을 추고 싶다

Say cheese!
치즈라고 말해!

I love you too.
나도 너를 사랑해.

Well done!
잘했어!

under the bed
침대 아래에

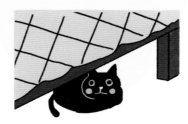

went to the park
공원에 갔다

must win
이겨야 한다

읽을 수 있으면 ○표를, 뜻을 알면 ∨표를 하세요.

no	say	too	want	must	well	went	under
○	✓						

must 69
~해야 하다

well 70
잘

went 71
갔다

under 72
~ 아래에

say — (say) way said play say may

no — no none non to no low

want — went want win won ant want

must — must mist mass mask must much

too — to too took into tie too

under — under until wonder under

well — wall well will well wool we'll

went — want wanted went wet went well

B 🔊 들리는 단어를 쓰고, 알맞은 뜻에 동그라미 하세요.

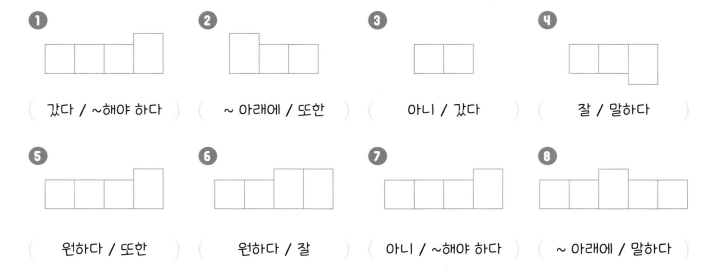

1 갔다 / ~해야 하다

2 ~ 아래에 / 또한

3 아니 / 갔다

4 잘 / 말하다

5 원하다 / 또한

6 원하다 / 잘

7 아니 / ~해야 하다

8 ~ 아래에 / 말하다

다음을 읽고 알맞은 그림과 연결하세요.

① **Say** cheese!

② yes or **no**

③ **want** to dance

④ I love you **too**.

⑤ **under** the bed

⑥ **Well** done!

⑦ **went** to the park

⑧ **must** win

D ◀)) 잘 듣고 빈칸을 채워서 문장을 완성하세요.

① [_____] sorry to him.
그에게 미안하다고 **말해라**.

② We [_____] some water.
물 **먹고 싶어요[원해요]**.

③ We [_____] go now.
우리는 지금 가**야 해**.

④ I slept [_____].
나는 **잘** 잤어요.

⑤ We [_____] to China.
우리는 중국에 **갔다**.

⑥ Can you come [_____]?
너**도** 올 수 있어?

⑦ My dog is [_____] the sofa.
우리 개는 소파 **밑에** 있어.

⑧ I said [_____].
난 **아니**라고 말했어 [거절했어].

My sisters went to the party.
🧑 Bye, bye, Cinderella!
I want to go, too.

I want to dance.
I can dance well.
But I must work under the sun.

☐ party 파티   ☐ dance 춤추다   ☐ work 일하다

Say what you want.

I can't go to the party.
I have no dress.

I can help you.

Oh, thank you!

You must be back
before 12 o'clock.

Start

an   ride   saw   yes

after

again

saw   ride   an   any   please

yes

after   again   please

any

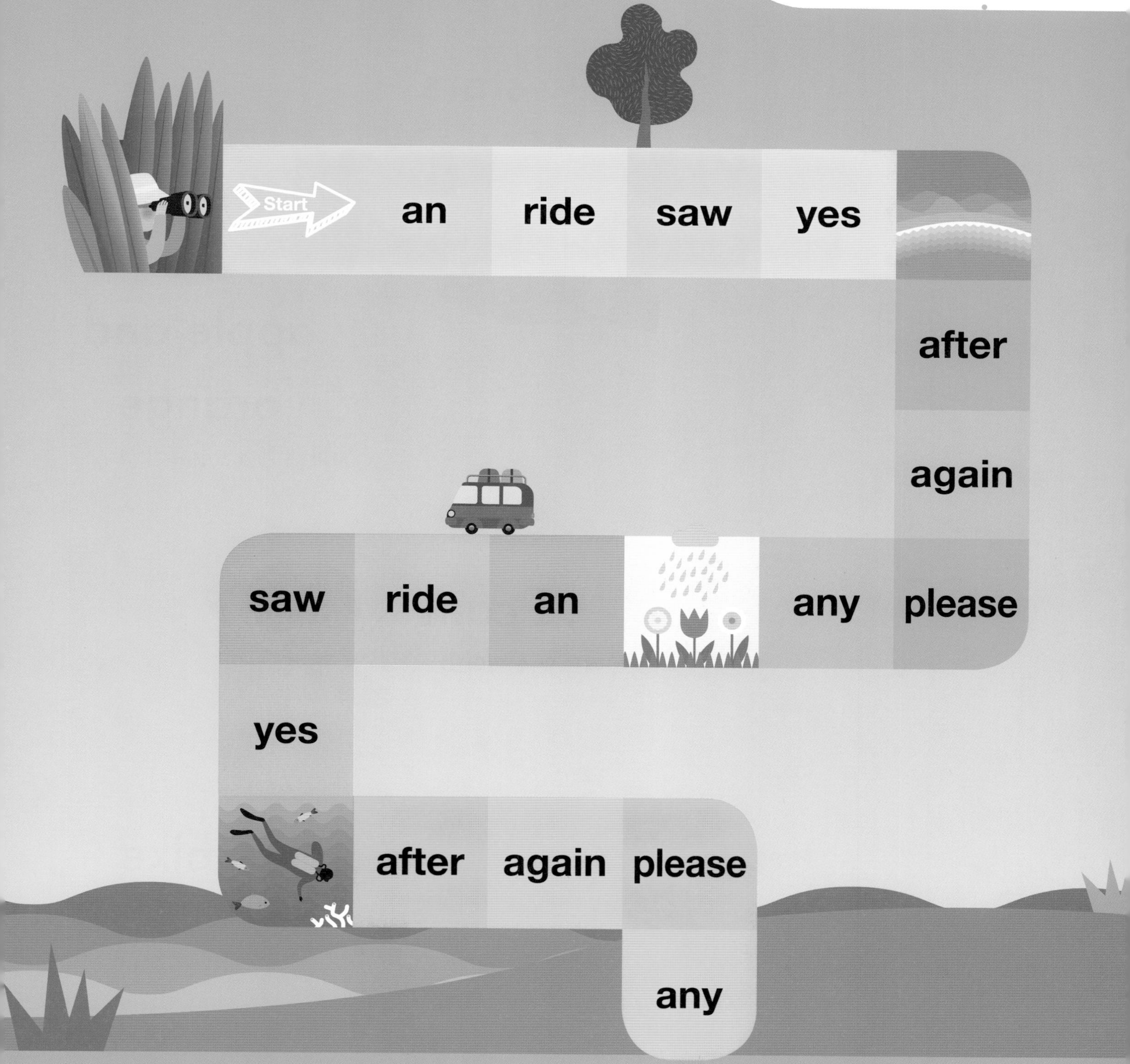

73

an
하나의

74

ride
타다

75

saw
보았다

76

yes
네, 응

사이트 워드의 뜻을 익히고, 해당 단어가 쓰인 표현을
찾아 큰 소리로 읽어보세요.

saw stars
별을 봤다

an apple and
an orange
사과 한 개와 오렌지 한 개

Yes, I can!
네, 저는 할 수 있어요!

ride a bike
자전거를 타다

after school
방과 후에

Take any book.
어떤 책이든 가져가.

Please sit down.
앉아 주세요.

try again
다시 시도하다

after 77
~ 후에

again 78
다시

please 79
제발, 부디
(정중하게 부탁할 때 붙이는 말)

any 80
약간의, 어떤

읽을 수 있으면 O표를, 뜻을 알면 ∨표를 하세요.

an	ride	saw	yes	after	again	please	any
O ✓							

A 제시된 단어와 같은 단어를 찾아 동그라미 하세요.

an
(an) as in
on an us

yes
you yell yes
yes yeah yet

saw
saw see seen
sew sea saw

any
any and end
day any way

again
again gain
against again

ride
ride hide rode
side ride ring

please
please pleasure
pleased please

after
after afraid
after again

B ◀)) 들리는 단어를 쓰고, 알맞은 뜻에 동그라미 하세요.

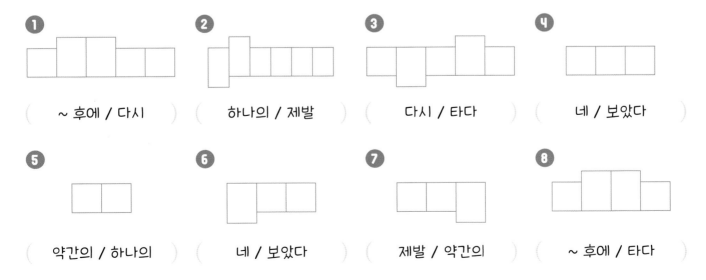

❶ (~ 후에 / 다시)

❷ (하나의 / 제발)

❸ (다시 / 타다)

❹ (네 / 보았다)

❺ (약간의 / 하나의)

❻ (네 / 보았다)

❼ (제발 / 약간의)

❽ (~ 후에 / 타다)

다음을 읽고 알맞은 그림과 연결하세요.

1 **saw** stars

2 **ride** a bike

3 **Yes**, I can!

4 **an** apple and **an** orange

5 try **again**

6 **after** school

7 Take **any** book.

8 **Please** sit down.

1 Can you ▢ a horse?
말을 **탈** 수 있어?

2 I have ▢ idea.
내게 생각이 **하나** 있어.

3 ▢ come again.
또 와 **주세요.**

4 I ▢ you on TV.
나는 TV에서 너를 **봤어.**

5 Let's play soccer ▢ class.
수업 **끝나고** 축구 하자.

6 Take ▢ pen you like.
네가 좋아하는 **아무** 펜이나 가져가.

7 See you ▢.
또 만나.

8 He said ▢.
그는 좋다고 ['**네**'라고] 했어요.

🔊 잘 듣고 큰 소리로 따라 읽으세요. ☐☐☐

I saw Bob ride a horse.
"Can I ride your horse, please?" I asked.
He said yes.

After school, I saw him ride a bike.
"Can I ride your bike, please?" I asked.
He said yes again.

☐ horse 말   ☐ Can I...? 내가 ~해도 돼?   ☐ bike 자전거

 Day 10 87

I saw Bob again.

He had an old sled.

"Can I ride your sled?" I asked.

He frowned but said yes.

I rode his sled.

He saw me fall off the sled.

"Do you need any help?" he asked.

□ had 가지고 있었다   □ sled 썰매   □ frown 찡그리다   □ rode 탔다   □ fall off 떨어지다   □ need 필요하다

88

Day 11

Start

as
ask
by
from
every
could
give
had
as
ask
by
from
had
give
could
every

as
~처럼

ask
묻다

by
~로, ~ 옆에

from
~로부터

사이트 워드의 뜻을 익히고, 해당 단어가 쓰인 표현을
찾아 큰 소리로 읽어보세요.

go by bus
버스로 가다

from here
to there
여기부터 저기까지

as a clown
광대처럼

ask a question
질문하다

had lunch
점심을 먹었다

could hear
들을 수 있었다

give me a gift
내게 선물을 주다

every day
모든 날, 매일

읽을 수 있으면 O표를, 뜻을 알면 V표를 하세요.

as	ask	by	from	every	could	give	had
○	✓						

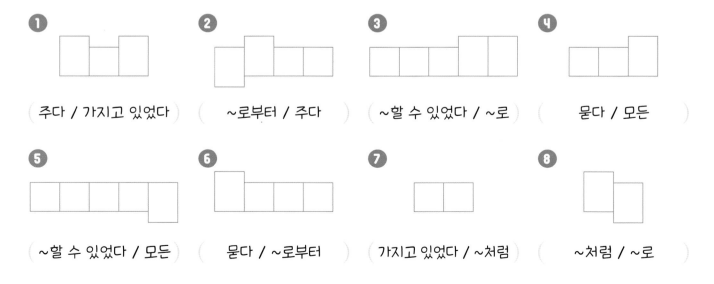

❶ (주다 / 가지고 있었다)

❷ (~로부터 / 주다)

❸ (~할 수 있었다 / ~로)

❹ (묻다 / 모든)

❺ (~할 수 있었다 / 모든)

❻ (묻다 / ~로부터)

❼ (가지고 있었다 / ~처럼)

❽ (~처럼 / ~로)

C 다음을 읽고 알맞은 그림과 연결하세요.

① **ask** a question

② go **by** bus

③ **as** a clown

④ **from** here to there

⑤ **give** me a gift

⑥ **had** lunch

⑦ **every** day

⑧ **could** hear

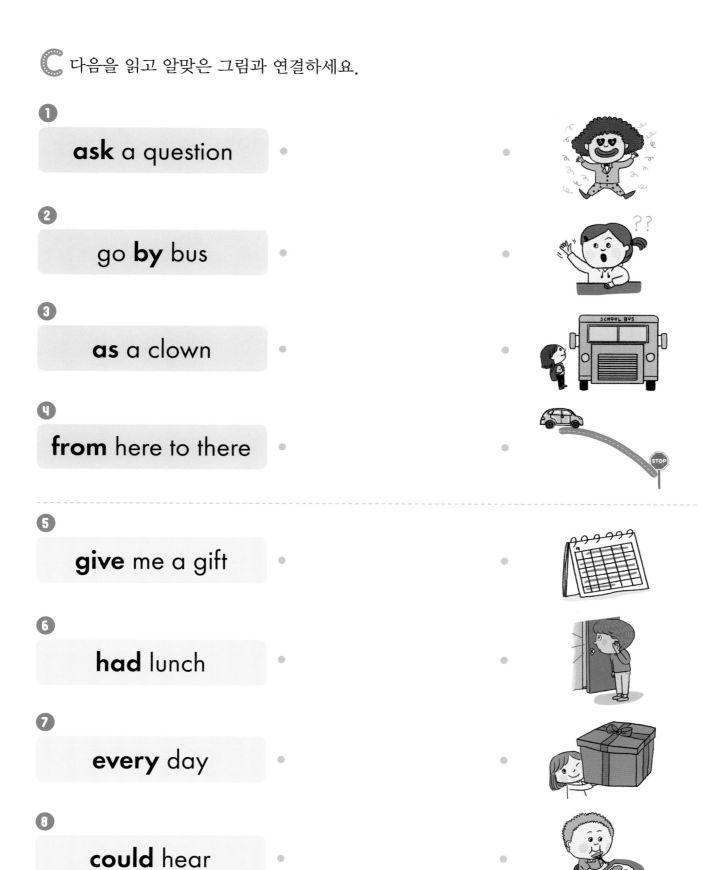

1 I _____ a busy day.

나는 바빴어요[바쁜 날을 **가졌어요**].

2 I come here _____ week.

나는 여기에 **매**주 와.

3 Do _____ we do.

우리가 하는 것**처럼** 해봐.

4 I am _____ Korea.

나는 한국**에서** 왔어.

5 What did you _____?

너는 무엇을 **물어봤**어?

6 _____ me a hug.

나를 안아**줘요**.

7 I _____ use my phone.

나는 전화기를 쓸 **수 있었다**.

8 We came _____ taxi.

우리는 택시**를** **타고**[택시**로**] 왔어.

Mom, give me a gift, please.
I make my bed every morning.

Give me a kiss, Mom.
I had all my lunch.

☐ gift 선물   ☐ make a bed 잠자리를 정돈하다   ☐ lunch 점심식사

Could you stand by the window?
Ask me a question, Mom.
I can hear you from here.

Could you give me a hug?
I had a busy day.
I was as busy as a bee.

□ window 창문 □ question 질문 □ hear 듣다 □ hug 껴안기, 포옹 □ busy 바쁜 □ bee 벌

손가락으로 단어를 짚으며 챈트를 듣고, 소리를 익혀보세요.

Day 12

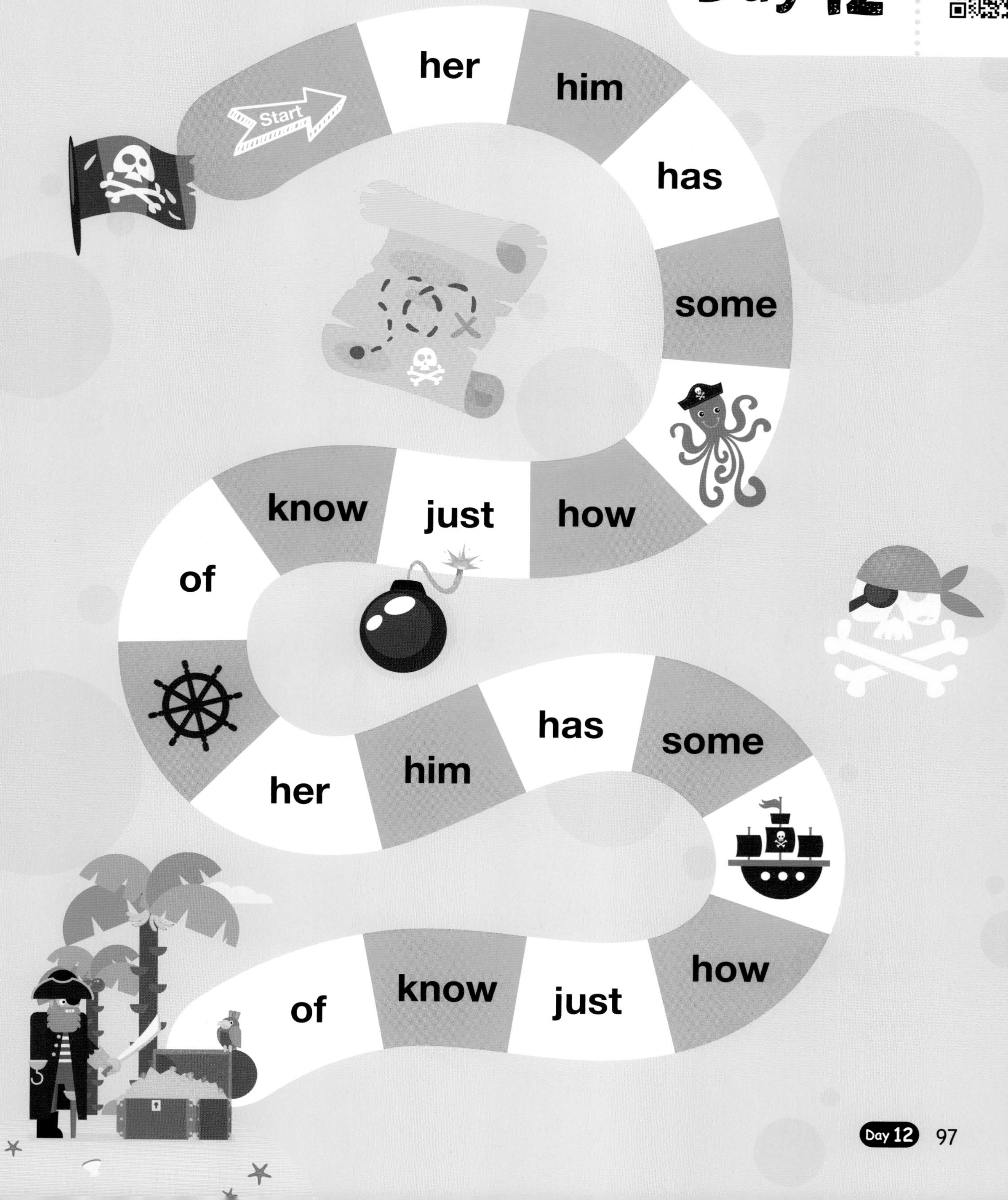
Start
her
him
has
some
how
just
know
of
her
him
has
some
how
just
know
of

89

her
그녀의, 그녀를

90

him
그를, 그에게

91

has
가지다

92

some
약간의, 몇몇의

사이트 워드의 뜻을 익히고, 해당 단어가 쓰인 표현을
찾아 큰 소리로 읽어보세요.

miss him
그를 그리워하다

It has a long tail.
그것은 긴 꼬리를 가지고 있다.

her eyes
그녀의 눈

some boys
몇 명의 남자아이들

How are you?

안녕?
[너는 어떻니?]

know her name

그녀의 이름을 알다

Cindy

the lid of
the box

상자의 뚜껑

just my size

딱 내 사이즈

읽을 수 있으면 ○표를, 뜻을 알면 ∨표를 하세요.

her	him	has	some	how	just	know	of
○	✓						

how 93

어떻게, 얼마나

just 94

딱, 바로

know 95

알다

of 96

~의, ~ 중에서

제시된 단어와 같은 단어를 찾아 동그라미 하세요.

of	of on off often of up
some	some same sum Sam some son
know	knee knew know now know kneel
her	her hers his him her hero
has	has have his had has hard
just	dust juice just must just jug
him	he him his him hit her
how	how wow hope cow show how

B ◀》 들리는 단어를 쓰고, 알맞은 뜻에 동그라미 하세요.

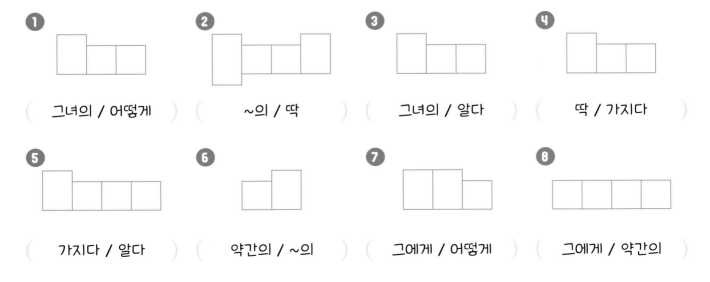

① (그녀의 / 어떻게)

② (~의 / 딱)

③ (그녀의 / 알다)

④ (딱 / 가지다)

⑤ (가지다 / 알다)

⑥ (약간의 / ~의)

⑦ (그에게 / 어떻게)

⑧ (그에게 / 약간의)

C 다음을 읽고 알맞은 그림과 연결하세요.

① miss **him** •

② **her** eyes •

③ It **has** a long tail. •

④ **some** boys •

⑤ **How** are you? •

⑥ **just** my size •

⑦ the lid **of** the box •

⑧ **know** her name •

1 I like [ ] very much.

나는 **그를** 아주 많이 좋아해.

2 The train [ ] left.

기차가 **막** 떠났다.

3 He is one [ ] our team members.

그는 우리 팀원 **중** 한 명이다.

4 I don't [ ].

저는 몰라요[**알지** 못해요].

5 The dog [ ] a bone.

그 개는 뼈다귀를 **가지고 있다**.

6 Look at [ ] sleep!

그녀가 자는 것 좀 봐!

7 Show me [ ] to make it.

그것을 **어떻게** 만드는지 좀 보여 주세요.

8 Try [ ] of this chicken.

이 치킨 **좀(약간)** 먹어봐.

A new student has just come.
Her name is Amy.

She has long blond hair.
She wears a long black belt.

☐ student 학생 ☐ blond 금발의 ☐ wear 입고/착용하고 있다 ☐ belt 벨트, 허리띠

Bob likes to bully others.
He doesn't know anything
about her.

Amy is one of the best
taekwondo players.
She shows him how to do
taekwondo.

□ bully 괴롭히다   □ others 다른 사람들   □ anything 어떤 것도   □ best 최고의   □ player 선수   □ show 보여주다

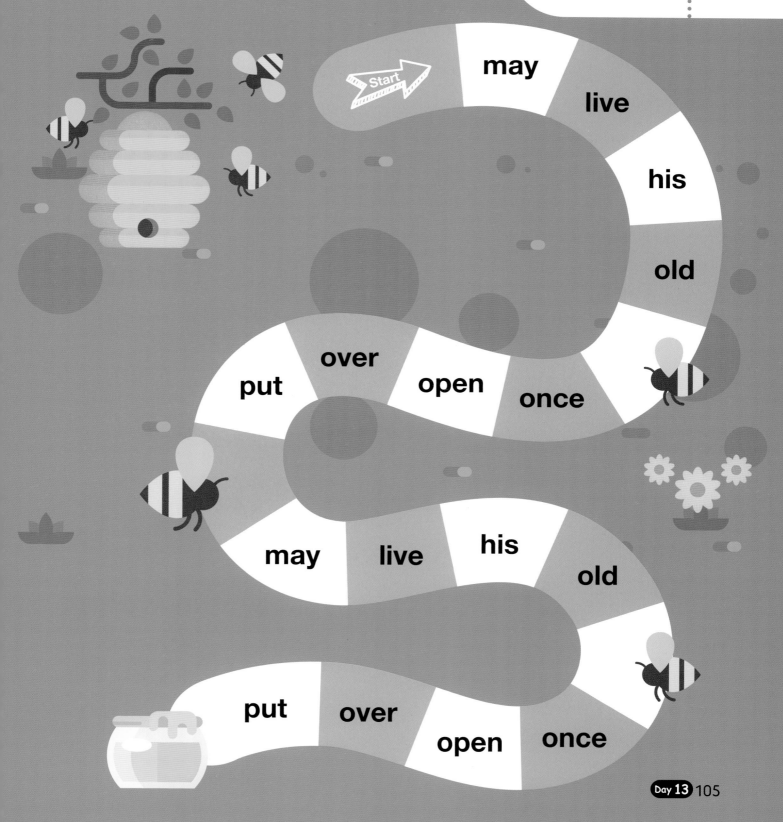

may
~해도 좋다

live
살다

his
그의, 그의 것

old
오래된, 나이 든

사이트 워드의 뜻을 익히고, 해당 단어가 쓰인 표현을
찾아 큰 소리로 읽어보세요.

his arm
그의 팔

May I come in?
들어가도 돼요?

old chair
낡은 의자

live in water
물에 산다

put it in the bag
가방에 그것을 넣다

over the clouds
구름 위에

open the window
창문을 열다

once a week
일주일에 한 번

읽을 수 있으면 O표를, 뜻을 알면 ∨표를 하세요.

may	live	his	old	once	open	over	put
O ∨							

once 101
한 번, 옛날에

open 102
열다

over 103
~ 위에, 끝난

put 104
놓다, 두다

B 🔊 들리는 단어를 쓰고, 알맞은 뜻에 동그라미 하세요.

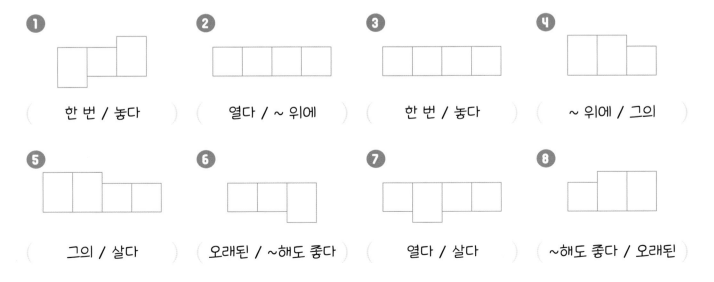

① 한 번 / 놓다   **②** 열다 / ~ 위에   **③** 한 번 / 놓다   **④** ~ 위에 / 그의

⑤ 그의 / 살다   **⑥** 오래된 / ~해도 좋다   **⑦** 열다 / 살다   **⑧** ~해도 좋다 / 오래된

C 다음을 읽고 알맞은 그림과 연결하세요.

① **his** arm

② **old** chair

③ **May** I come in?

④ **live** in water

⑤ **once** a week

⑥ **open** the window

⑦ **put** it in the bag

⑧ **over** the clouds

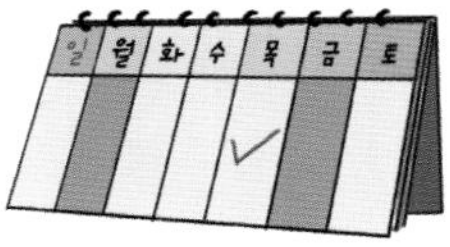

1 I meet my grandmother ⬚ a month. 나는 할머니를 한 달에 **한 번** 만난다.

2 Do you ⬚ here? 여기 **살아**요?

3 ⬚ your hands up. 양 손을 들어(올려).

4 Is this ⬚ backpack? 이게 **그의** 책가방인가요?

5 ⬚ I sit here? 여기 앉아**도 될까요**?

6 ⬚ your eyes. 눈을 **떠**.

7 An ⬚ man opened the door. 한 **노**인이 문을 열어 주셨다.

8 Raise your arms ⬚ your head. 팔을 머리 **위로** 올려.

Wendy: Once upon a time, there was an old hut.
Peter: May I come in?

Peter: Put down your book, please.
We will fly over
the clouds.

☐ once upon a time 옛날 옛날에　☐ hut 오두막　☐ fly 날다　☐ cloud 구름

Peter: Open your eyes.
Look down there!
I live on that island.

Wendy: Is this his island?
Peter: No, it's my Neverland.

walk

think

were

take

them

then

let

Start

when

walk think

take let

were

them then when

105

let
~하게 하다

106

take
가져가다, 타다

107

think
생각하다

108

walk
걷다

사이트 워드의 뜻을 익히고, 해당 단어가 쓰인 표현을
찾아 큰 소리로 읽어보세요.

I think not.
난 그렇지 않다고 생각해.

Take your brother.
동생을 데려가.

Let me go!
가게 해줘요!

walk for an hour
한 시간 동안 걷다

1 hour

When will you go?

넌 언제 갈 거야?

They were tired.

그들은 피곤했다.

Work first, then play.

공부 먼저 하고 그 다음에 놀아.

read them stories

그들에게 이야기를 읽어주다

읽을 수 있으면 ○표를, 뜻을 알면 ∨표를 하세요.

let	take	think	walk	were	them	then	when
○ ✓							

109
were
~이었다, 있었다

110
them
그들을, 그들에게

111
then
그 다음에

112
when
언제

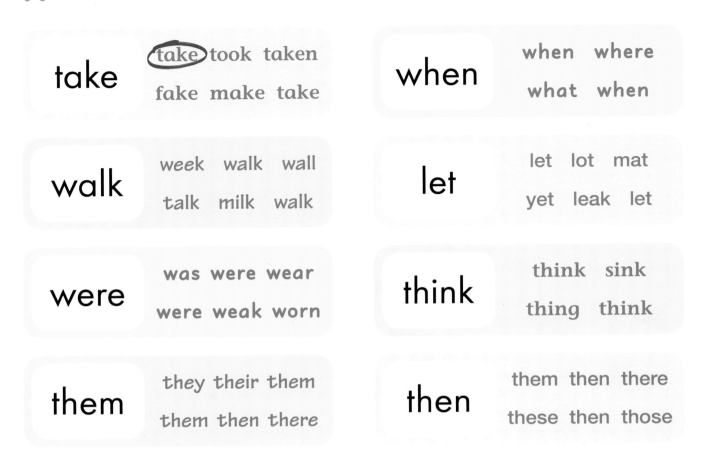

A 제시된 단어와 같은 단어를 찾아 동그라미 하세요.

take — take took taken fake make take

when — when where what when

walk — week walk wall talk milk walk

let — let lot mat yet leak let

were — was were wear were weak worn

think — think sink thing think

them — they their them them then there

then — them then there these then those

B 들리는 단어를 쓰고, 알맞은 뜻에 동그라미 하세요.

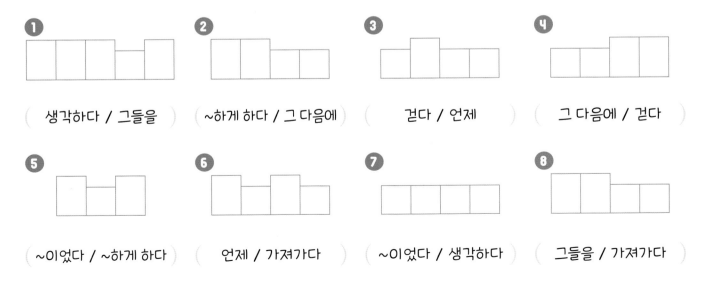

① 생각하다 / 그들을

② ~하게 하다 / 그 다음에

③ 걷다 / 언제

④ 그 다음에 / 걷다

⑤ ~이었다 / ~하게 하다

⑥ 언제 / 가져가다

⑦ ~이었다 / 생각하다

⑧ 그들을 / 가져가다

C 다음을 읽고 알맞은 그림과 연결하세요.

① I **think** not.

② **Let** me go!

③ **Take** your brother.

④ **walk** for an hour

⑤ **When** will you go?

⑥ They **were** tired.

⑦ read **them** stories

⑧ Work first, **then** play.

잘 듣고 빈칸을 채워서 문장을 완성하세요.

1 What do you [　　　　]?

너 어떻게 **생각해**?

2 [　　　　] me help you.

제가 도와 **드릴게요.**

3 Let's [　　　　] the subway.

전철을 **타자.**

4 They [　　　　] lost in the woods.

그들은 숲에서 길을 잃었**어요.**

5 Give [　　　　] to me.

그것들을 제게 주세요.

6 I often [　　　　] my dog.

나는 종종 우리 개를 **산책시킨다.**

7 [　　　　] we will watch movies.

그리고 **나서** 우리는 영화를 볼 거야.

8 [　　　　] were you born?

너는 **언제** 태어났어?

118

Boy: Let me play outside.
Mom: Work first, then play.

Boy: I'm done! Now let me go out!
Mom: Sure. I think Max wants to walk. Take him.

The boy and his dog were happy.
They ran around the park.

His mom waited for them.
Dinner was ready
when they got home.

ran 달렸다   around ~ 주변에   wait for ~를 기다리다   dinner 저녁식사   ready 준비가 된

Day 15

around

call

because

both

before

don't

Start best

does

around   call

both   best

because

before   don't   does

Day 15 121

113

best
가장 좋은

114

both
둘 다

115

call
부르다, 전화하다

116

around
~ 주위에

사이트 워드의 뜻을 익히고, 해당 단어가 쓰인 표현을
찾아 큰 소리로 읽어보세요.

both of you

너희 둘 다

**go around the
world** 세계 일주를 하다

I'm Elizabeth.

Call me Betty.

베티라고 불러.

my best friend

나의 가장 좋은 친구

She does her best.

그녀는 최선을 다한다.

before midnight

밤 12시 전에

because they were late

그들이 늦었기 때문에

Don't touch it!

그것을 만지지 마!

읽을 수 있으면 ○표를, 뜻을 알면 ∨표를 하세요.

best	both	call	around	because	before	don't	does
○	✓						

because   117
~ 때문에

before   118
~ 전에

don't   119
~하지 않다

does   120
하다

제시된 단어와 같은 단어를 찾아 동그라미 하세요.

around — (around) round along around

don't — don't didn't doesn't don't

before — before become because before

best — vest best beside beast dust best

does — does do did done does dose

call — call can curl called call fall

both — boss both bother both bold bath

because — because cause accuse because

B ◀ 들리는 단어를 쓰고, 알맞은 뜻에 동그라미 하세요.

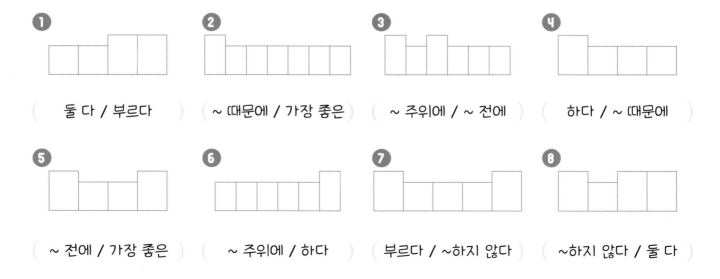

① 둘 다 / 부르다

② ~ 때문에 / 가장 좋은

③ ~ 주위에 / ~ 전에

④ 하다 / ~ 때문에

⑤ ~ 전에 / 가장 좋은

⑥ ~ 주위에 / 하다

⑦ 부르다 / ~하지 않다

⑧ ~하지 않다 / 둘 다

C 다음을 읽고 알맞은 그림과 연결하세요.

① **both** of you

② go **around** the world

③ my **best** friend

④ **Call** me Betty.

⑤ She **does** her best.

⑥ **Don't** touch it!

⑦ **because** they were late

⑧ **before** midnight

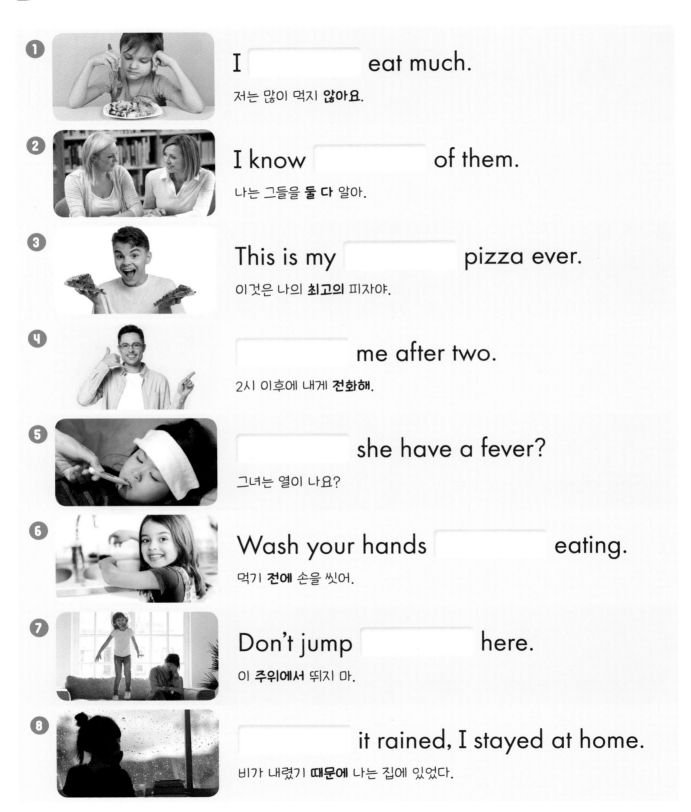

1 I [   ] eat much.
저는 많이 먹지 **않아요**.

2 I know [   ] of them.
나는 그들을 **둘 다** 알아.

3 This is my [   ] pizza ever.
이것은 나의 **최고의** 피자야.

4 [   ] me after two.
2시 이후에 내게 **전화해**.

5 [   ] she have a fever?
그녀는 열이 나요?

6 Wash your hands [   ] eating.
먹기 **전에** 손을 씻어.

7 Don't jump [   ] here.
이 **주위에서** 뛰지 마.

8 [   ] it rained, I stayed at home.
비가 내렸기 **때문에** 나는 집에 있었다.

This is my best friend, Jessica.
I call her Jessy.

We both like pizza.
We both love to read books.
But we don't like drawing.

▫pizza 피자 ▫read 읽다 ▫drawing 그림 그리기

We are always together.
Jessy does her homework while I study.
I call her before she goes to bed.

We have the same dream.
We will go around the world
because we love adventure.

□ always 항상　□ together 함께　□ while ~하는 동안　□ same 똑같은　□ dream 꿈　□ adventure 모험

Start first read found made

its

or

found read first off many

made

its or many

121

first
첫째, 먼저

122

read
읽다

123

found
찾았다

124

made
만들었다

사이트 워드의 뜻을 익히고, 해당 단어가 쓰인 표현을
찾아 큰 소리로 읽어보세요.

go first
먼저 가다

found a nest
둥지를 찾았다

read books
책을 읽다

made a snowman
눈사람을 만들었다

its eggs
그것의 알들

many fruits
많은 과일들

red or blue
빨간색 또는 파란색

fell off
떨어졌다

읽을 수 있으면 ○표를, 뜻을 알면 ∨표를 하세요.

first	read	found	made	its	or	many	off
○ ✓							

its 125
그것의

or 126
또는

many 127
많은

off 128
떨어져서

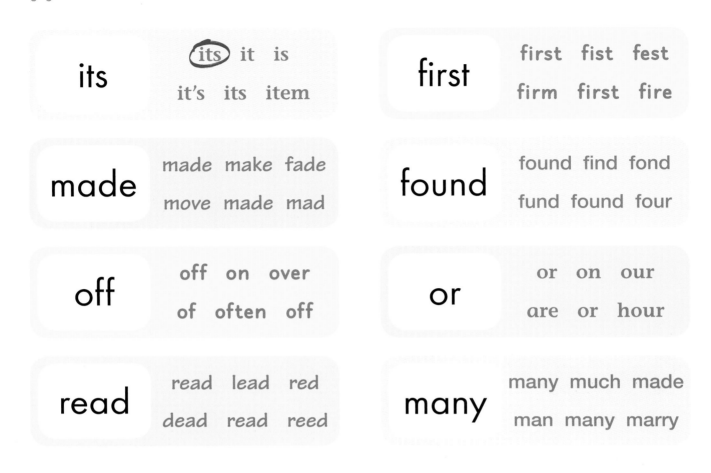

B 🔊 들리는 단어를 쓰고, 알맞은 뜻에 동그라미 하세요.

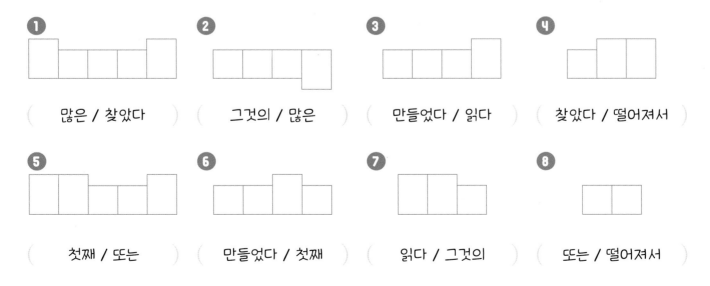

❶ (많은 / 찾았다)   ❷ (그것의 / 많은)   ❸ (만들었다 / 읽다)   ❹ (찾았다 / 떨어져서)

❺ (첫째 / 또는)   ❻ (만들었다 / 첫째)   ❼ (읽다 / 그것의)   ❽ (또는 / 떨어져서)

C 다음을 읽고 알맞은 그림과 연결하세요.

① go **first** •   •

② **made** a snowman •   •

③ **read** books •   •

④ **found** a nest •   •

⑤ **its** eggs •   •

⑥ fell **off** •   •

⑦ red **or** blue •   •

⑧ **many** fruits •   •

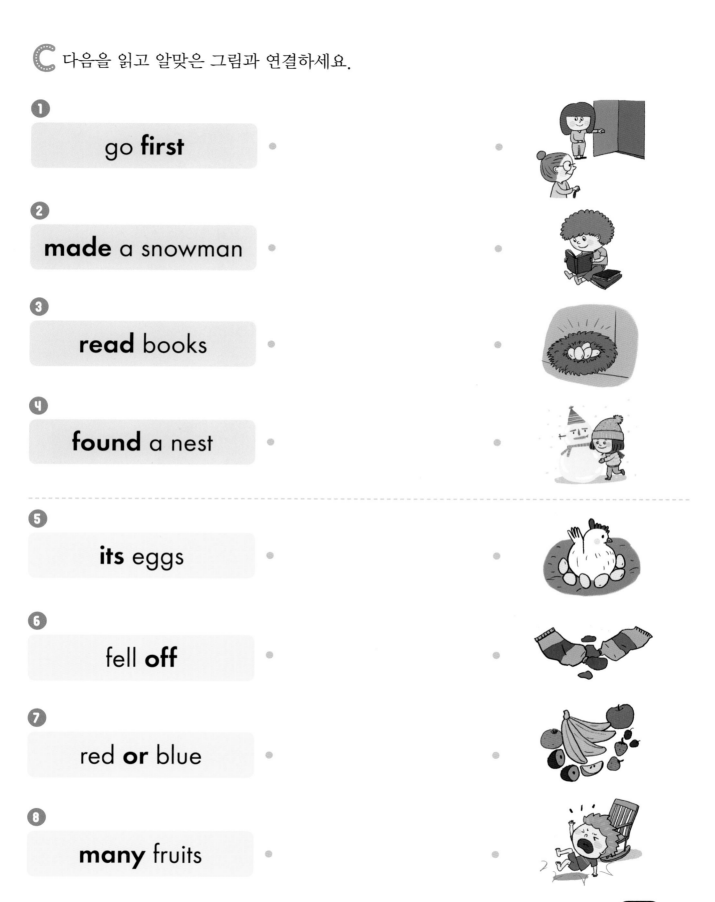

🔊 잘 듣고 빈칸을 채워서 문장을 완성하세요.

1 the [＿＿＿] day of school
학교 **첫** 날

2 Who [＿＿＿] this burger?
이 햄버거를 누가 **만들었어요**?

3 [＿＿＿] ears are long.
그것의 귀는 길다.

4 I [＿＿＿] it under the bed.
나는 그것을 침대 밑에서 **찾았다**.

5 Did you [＿＿＿] the email?
이메일을 **읽었어**?

6 How [＿＿＿] birds are there?
새가 몇 마리 있어? (얼마나 **많은** 새가 있어?)

7 Which is better, this one [＿＿＿] that one?
이것 **또는** 저것 중 어느 것이 더 좋아?

8 He fell [＿＿＿] his bike.
그는 자전거에서 **떨어**졌다.

It is the first day of school.
On the way to school,
I found so many fruits.
Which fruit is better,
apples or pears?

On the way, I saw a rabbit.
I found its ears were long.
The rabbit jumped off a rock
and ran away.

☐ on the way 가는 길에 ☐ fruit 과일 ☐ pear 배 ☐ rock 바위 ☐ ran away 달아났다

On the way, I found a sign.
I could read the sign.

On the way to school, I found many things.
Oh, I must hurry!
It is the first day of school.

□sign 푯말 □thing 것, 물건 □hurry 서두르다

ZOO

Start

right

tell

use

their

very

which

us

these

right   tell   use

their

which   very

us   these

129

right
오른쪽, 맞는

130

tell
말하다

131

use
쓰다, 사용하다

132

their
그들의, 그것들의

사이트 워드의 뜻을 익히고, 해당 단어가 쓰인 표현을 찾아 큰 소리로 읽어보세요.

turn right
오른쪽으로 돌다

use a computer
컴퓨터를 쓰다

their house
그들의 집

Tell me more.
내게 좀 더 말해줘.

these
headphones

이 헤드폰

three of us

우리 셋

a very long neck
매우 긴 목

which color

어떤 색

읽을 수 있으면 ○표를, 뜻을 알면 ∨표를 하세요.

right	tell	use	their	these	us	very	which
○ ✓							

these 133
이것들, 이 사람들, 이

us 134
우리를, 우리에게

very 135
매우

which 136
어떤

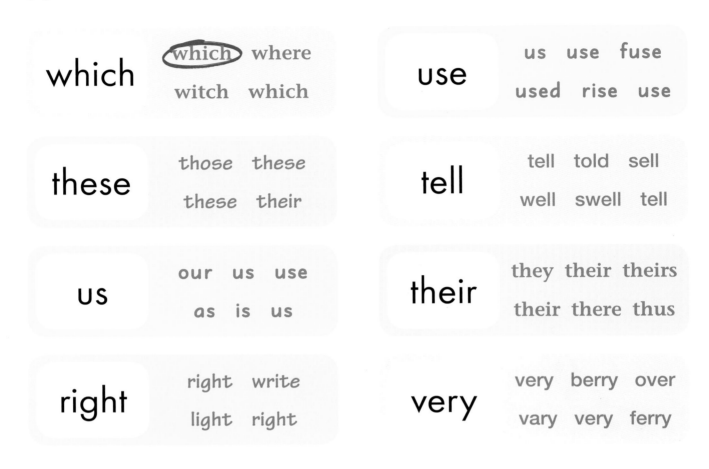

which   (which) where
         witch which

use   us use fuse
         used rise use

these   those these
         these their

tell   tell told sell
         well swell tell

us   our us use
         as is us

their   they their theirs
         their there thus

right   right write
         light right

very   very berry over
         vary very ferry

B 🔊 들리는 단어를 쓰고, 알맞은 뜻에 동그라미 하세요.

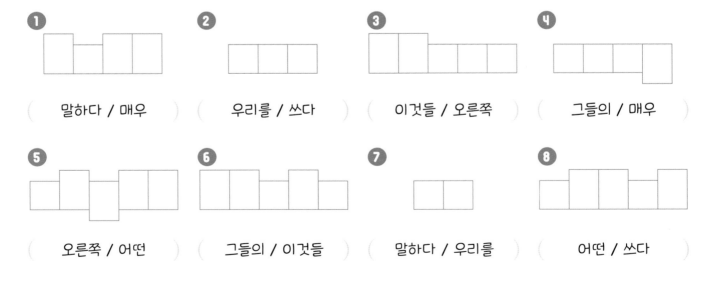

① 말하다 / 매우   ② 우리를 / 쓰다   ③ 이것들 / 오른쪽   ④ 그들의 / 매우

⑤ 오른쪽 / 어떤   ⑥ 그들의 / 이것들   ⑦ 말하다 / 우리를   ⑧ 어떤 / 쓰다

140

C 다음을 읽고 알맞은 그림과 연결하세요.

1 **use** a computer ·

2 **Tell** me more. ·

3 **their** house ·

4 turn **right** ·

5 a **very** long neck ·

6 three of **us** ·

7 **these** headphones ·

8 **which** color ·

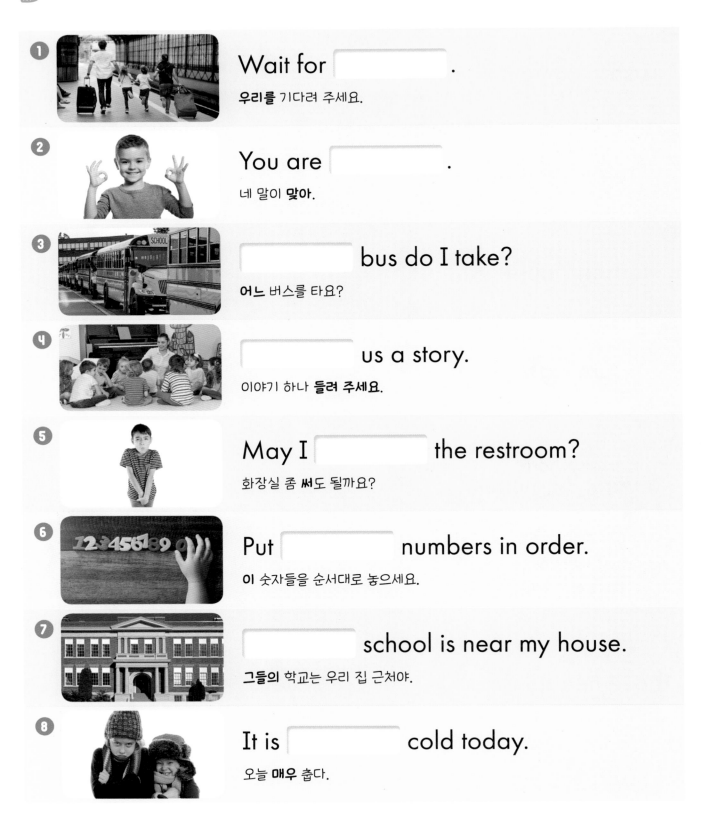

1 Wait for _____.

우리를 기다려 주세요.

2 You are _____.

네 말이 **맞아**.

3 _____ bus do I take?

어느 버스를 타요?

4 _____ us a story.

이야기 하나 **들려 주세요**.

5 May I _____ the restroom?

화장실 좀 **써**도 될까요?

6 Put _____ numbers in order.

이 숫자들을 순서대로 놓으세요.

7 _____ school is near my house.

그들의 학교는 우리 집 근처야.

8 It is _____ cold today.

오늘 **매우** 춥다.

I love Dad very much.
He tells us a funny story.
He knows a lot about the world.

I love Mom very much.
She makes us a robot.
She knows a lot about computers.

□ funny 재미있는   □ world 세상   □ robot 로봇   □ a lot 많이   □ computer 컴퓨터

One day, Mom made us two robots.

These robots are for you.
You can use them freely.

Which is the start button,
this one or that one?

Oh, no! Hold on!
That's not the right one.
The robot made their
house messy.

손가락으로 단어를 짚으며 챈트를 듣고, 소리를 익혀보세요.

137

your
너의

138

work
일하다

139

would
~해 주실래요?
〈정중하게 요청할 때〉

140

write
쓰다

사이트 워드의 뜻을 익히고, 해당 단어가 쓰인 표현을 찾아 큰 소리로 읽어보세요.

your turn
너의 순서

Would you like some?
좀 드실래요?

work late
늦게까지 일하다

write your name
너의 이름을 쓰다

carry **a box**

상자를 나르다

think about it

그것에 대해 생각하다

Why are you late?

왜 늦었니?

feel better

기분이 좋아지다

읽을 수 있으면 ○표를, 뜻을 알면 ∨표를 하세요.

your	work	would	write	about	better	carry	why
○	✓						

about 141

~에 대하여

better 142

더 좋은

carry 143

나르다

why 144

왜

제시된 단어와 같은 단어를 찾아 동그라미 하세요.

work | work with word / war work worry

your | you your our / yes yoyo your

about | about above / among about

would | would could / should would

carry | care carry / carry marry

better | better butter / bitter better

why | why when which / who why what

write | wrote wrap write / write written wrist

◀)) 들리는 단어를 쓰고, 알맞은 뜻에 동그라미 하세요.

1 (더 좋은 / 너의)

2 (~해 주실래요? / 나르다)

3 (왜 / ~에 대하여)

4 (왜 / 쓰다)

5 (쓰다 / 너의)

6 (일하다 / 나르다)

7 (더 좋은 / ~해 주실래요?)

8 (~에 대하여 / 일하다)

C 다음을 읽고 알맞은 그림과 연결하세요.

1. **write** your name •

2. **work** late •

3. **Would** you like some? •

4. **your** turn •

5. **carry** a box •

6. think **about** it •

7. **Why** are you late? •

8. feel **better** •

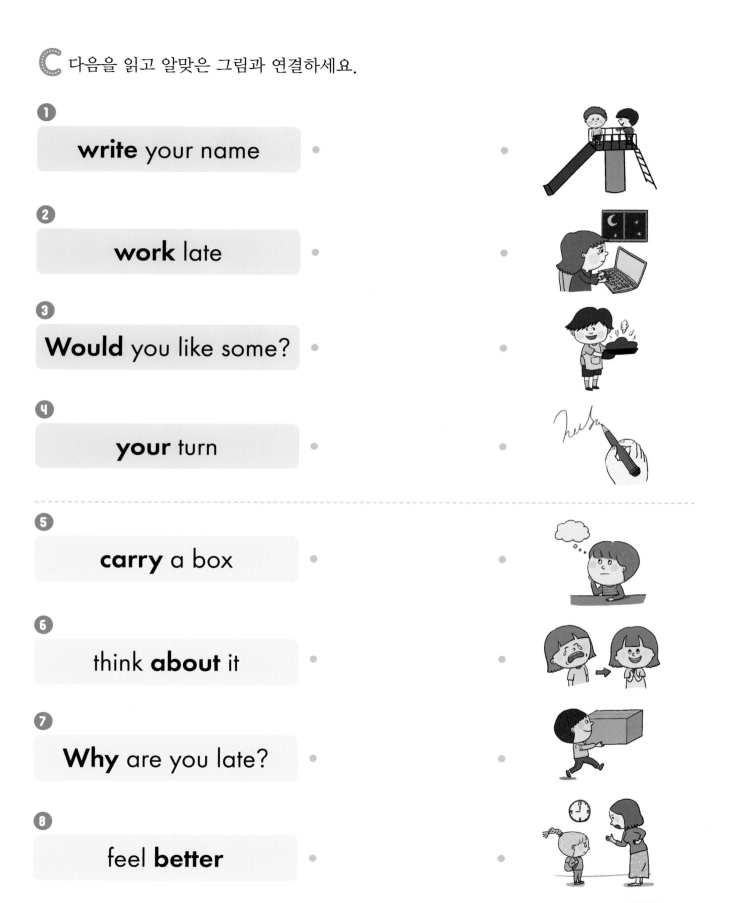

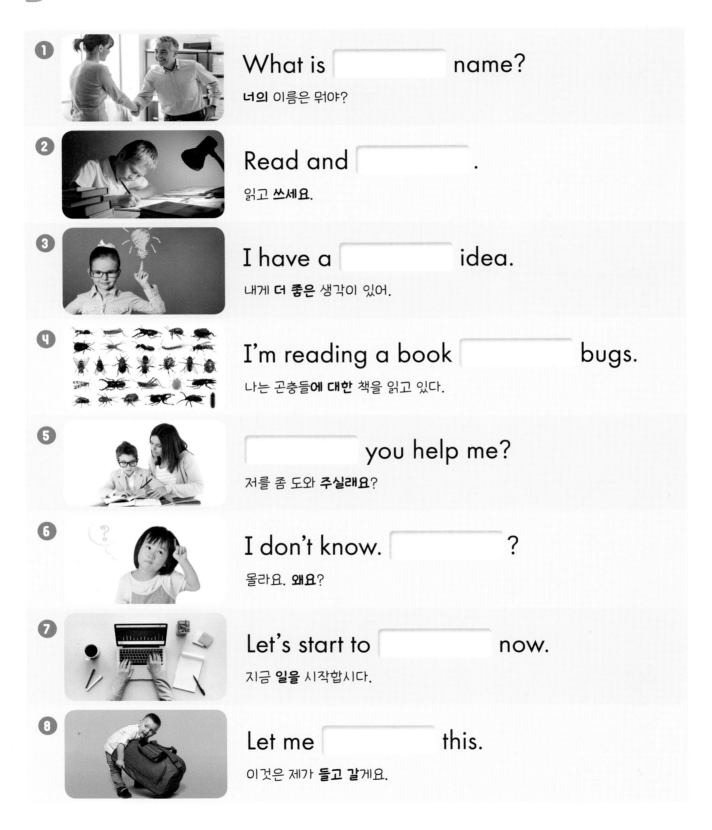

1
What is ⬚ name?

너의 이름은 뭐야?

2
Read and ⬚ .

읽고 **쓰세요**.

3
I have a ⬚ idea.

내게 **더 좋은** 생각이 있어.

4
I'm reading a book ⬚ bugs.

나는 곤충들**에 대한** 책을 읽고 있다.

5
⬚ you help me?

저를 좀 도와 **주실래요**?

6
I don't know. ⬚ ?

몰라요. **왜요**?

7
Let's start to ⬚ now.

지금 **일을** 시작합시다.

8
Let me ⬚ this.

이것은 제가 **들고 갈게요**.

Dear Mom,
Don't worry about me.
I can carry my bag by myself.

Don't worry, please.
I am a better reader now.
I can also write in English.

☐ Dear (편지에서) ~에게   ☐ worry 걱정하다   ☐ by myself 나 혼자서   ☐ reader 읽는 사람

You always work hard for our family.
And you keep smiling.
Your smile makes me happy.

That's why I wrote this letter.
Thank you, Mom.
I love you so much.

□ hard 열심히　□ keep ~을 계속하다　□ smile 미소 짓다, 미소　□ wrote 썼다　□ letter 편지

Day 19

145 if
만약 ~하면

146 kind
친절한

147 light
빛, 등

148 long
긴

사이트 워드의 뜻을 익히고, 해당 단어가 쓰인 표현을
찾아 큰 소리로 읽어보세요.

long hair
긴 머리카락

a red light
빨간 불

if it rains
만약 비가 내리면

a kind man
친절한 남자

far from here

여기서 멀리

keep your word

약속을 지키다

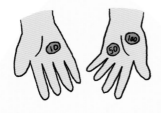

not have
much money

돈이 많지 않다

hurt you

너를 아프게 하다

읽을 수 있으면 ○표를, 뜻을 알면 ∨표를 하세요.

if	kind	light	long	much	far	hurt	keep
○ ✓							

much
149

많은, 많이

far
150

멀리

hurt
151

아프다, 아프게 하다

keep
152

지키다, 유지하다

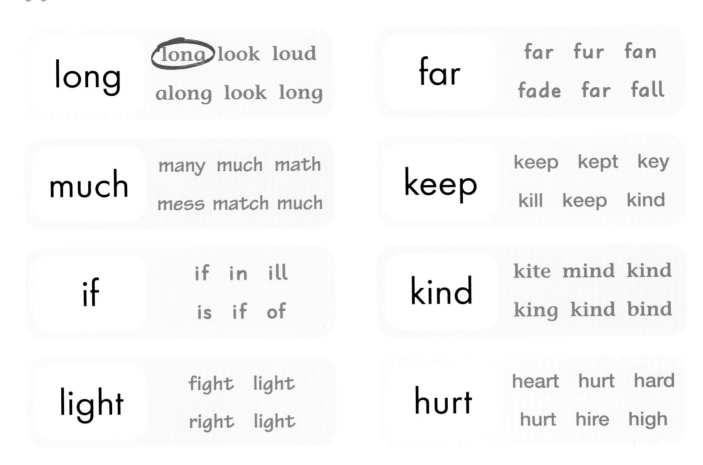

A 제시된 단어와 같은 단어를 찾아 동그라미 하세요.

long — long look loud along look long

far — far fur fan fade far fall

much — many much math mess match much

keep — keep kept key kill keep kind

if — if in ill is if of

kind — kite mind kind king kind bind

light — fight light right light

hurt — heart hurt hard hurt hire high

B 들리는 단어를 쓰고, 알맞은 뜻에 동그라미 하세요.

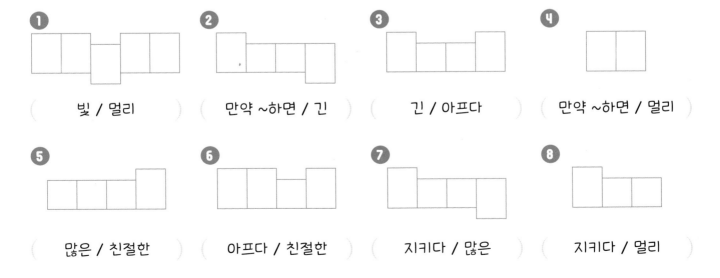

1. 빛 / 멀리
2. 만약 ~하면 / 긴
3. 긴 / 아프다
4. 만약 ~하면 / 멀리
5. 많은 / 친절한
6. 아프다 / 친절한
7. 지키다 / 많은
8. 지키다 / 멀리

C 다음을 읽고 알맞은 그림과 연결하세요.

1 a **kind** man

2 **long** hair

3 a red **light**

4 **if** it rains

5 **keep** your word

6 **far** from here

7 not have **much** money

8 **hurt** you

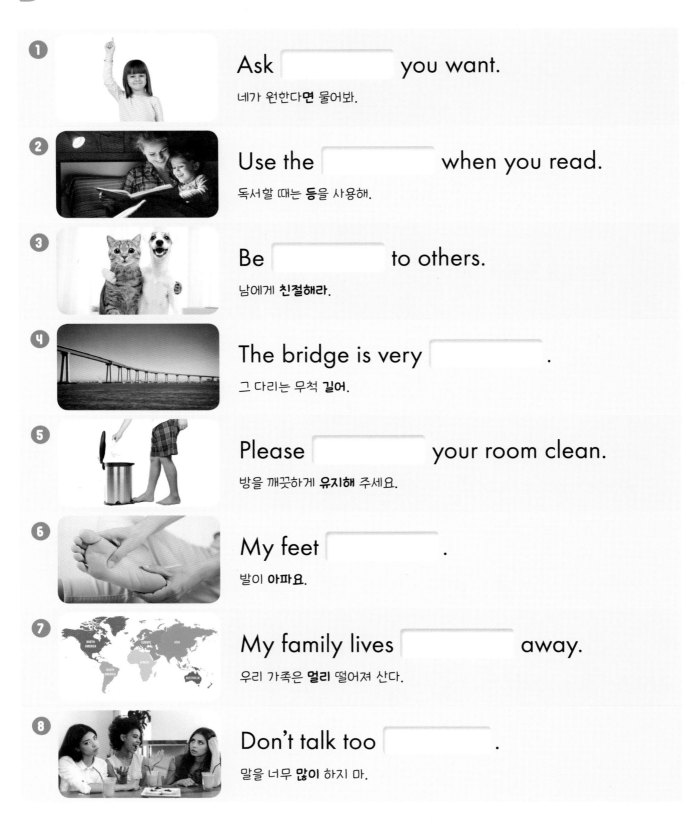

1

Ask [＿＿＿＿] you want.

네가 원한다**면** 물어봐.

2

Use the [＿＿＿＿] when you read.

독서할 때는 **등**을 사용해.

3

Be [＿＿＿＿] to others.

남에게 **친절해라**.

4

The bridge is very [＿＿＿＿].

그 다리는 무척 **길어**.

5

Please [＿＿＿＿] your room clean.

방을 깨끗하게 **유지해** 주세요.

6

My feet [＿＿＿＿].

발이 **아파요**.

7

My family lives [＿＿＿＿] away.

우리 가족은 **멀리** 떨어져 산다.

8

Don't talk too [＿＿＿＿].

말을 너무 **많이** 하지 마.

You have a long way to school.
If you listen to me, you will be safe.

Stop at a red light.
Keep yourself safe.

☐ way 길   ☐ listen (잘) 듣다   ☐ safe 안전한   ☐ stop 멈추다   ☐ yourself 네 자신

At school, you must keep the rules.
Be kind to others.

Don't hurt others.
Don't make too much noise.
Don't go far from school.

▢ rule 규칙   ▢ make noise 떠들다   ▢ too much 너무 많이

손가락으로 단어를 짚으며 챈트를 듣고, 소리를 익혀보세요.

Day 20

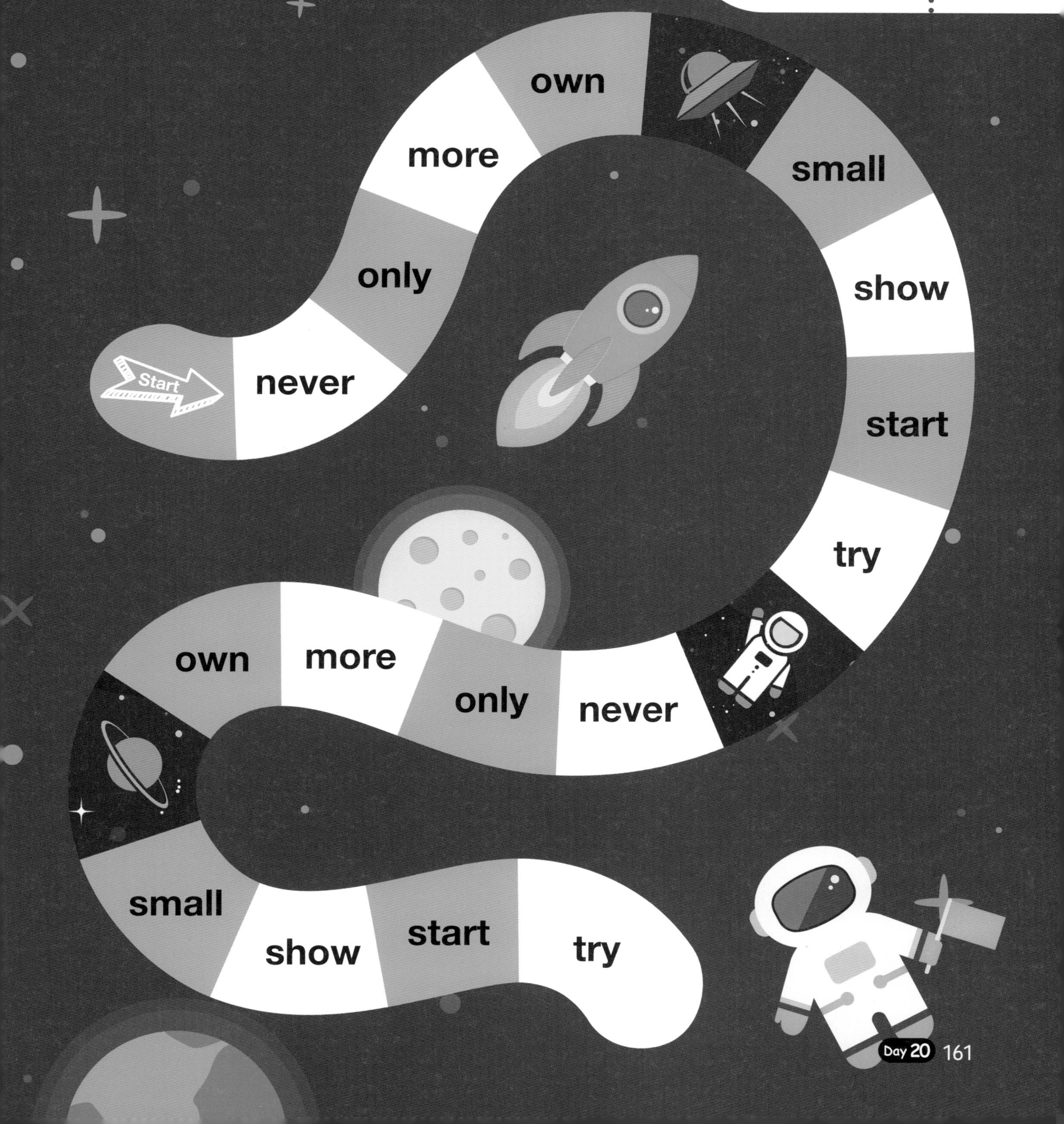
Start
never
only
more
own
small
show
start
try
never
only
more
own
small
show
start
try

153	**never** 절대 ~않다

154	**only** 오직 ~만의

155	**more** 더 많은

156	**own** ~ 자신의

사이트 워드의 뜻을 익히고, 해당 단어가 쓰인 표현을
찾아 큰 소리로 읽어보세요.

staff only

직원 전용

drink more water

더 많은 물을 마시다

in my own bed

나만의 침대에서

Never give up!

절대로 포기하지 마!

start at nine

9시에 시작하다

Start

try new foods

새로운 음식들을 먹어보다

TICKET

show the ticket

표를 보여주다

a small size

작은 치수

읽을 수 있으면 ○표를, 뜻을 알면 ∨표를 하세요.

never	only	more	own	small	show	start	try
○ ✓							

small

작은

show

보여주다

start

시작하다

try

해보다, 먹어보다

A 제시된 단어와 같은 단어를 찾아 동그라미 하세요.

show — (show) how shower sow show sew

only — one online only once only own

more — more many most memo more move

never — fever never ever river naver never

small — smell small smile small

own — owe own owner owl gown own

start — start stand stars start

try — try fry dry trip try three

B 🔊 들리는 단어를 쓰고, 알맞은 뜻에 동그라미 하세요.

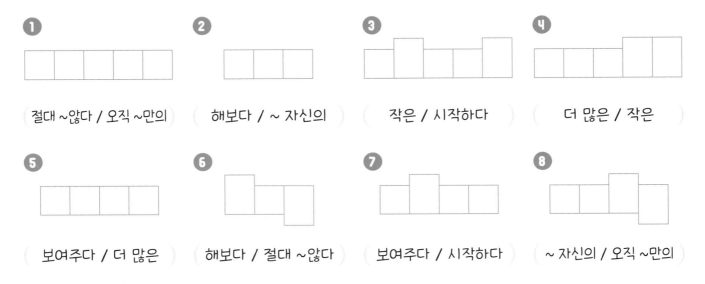

① 절대 ~않다 / 오직 ~만의

② 해보다 / ~ 자신의

③ 작은 / 시작하다

④ 더 많은 / 작은

⑤ 보여주다 / 더 많은

⑥ 해보다 / 절대 ~않다

⑦ 보여주다 / 시작하다

⑧ ~ 자신의 / 오직 ~만의

C 다음을 읽고 알맞은 그림과 연결하세요.

①
Never give up!

②
in my **own** bed

③
drink **more** water

④
staff **only**

⑤
try new foods

⑥
show the ticket

⑦
start at nine

⑧
a **small** size

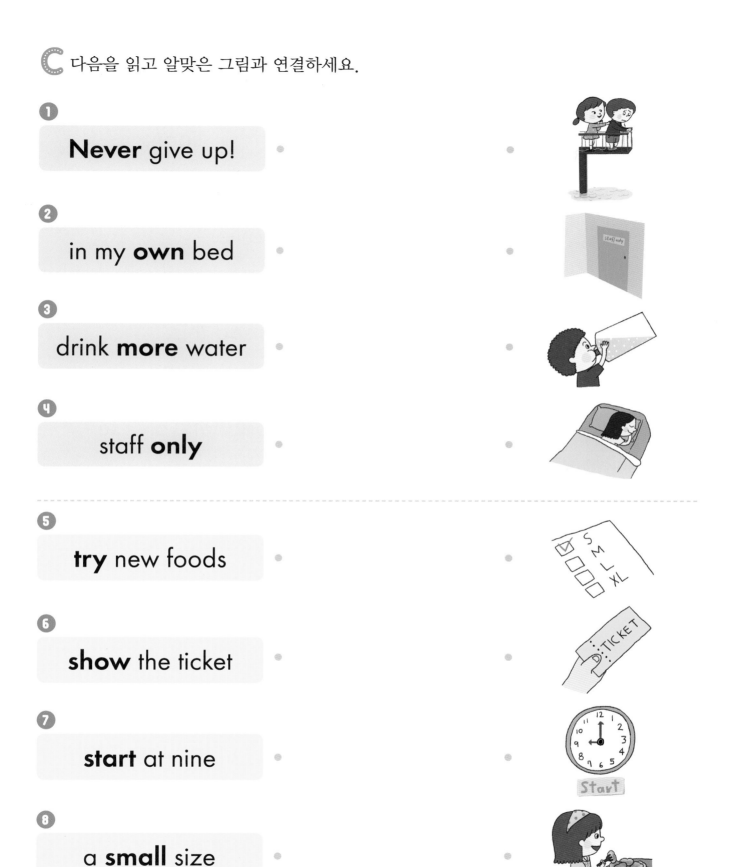

1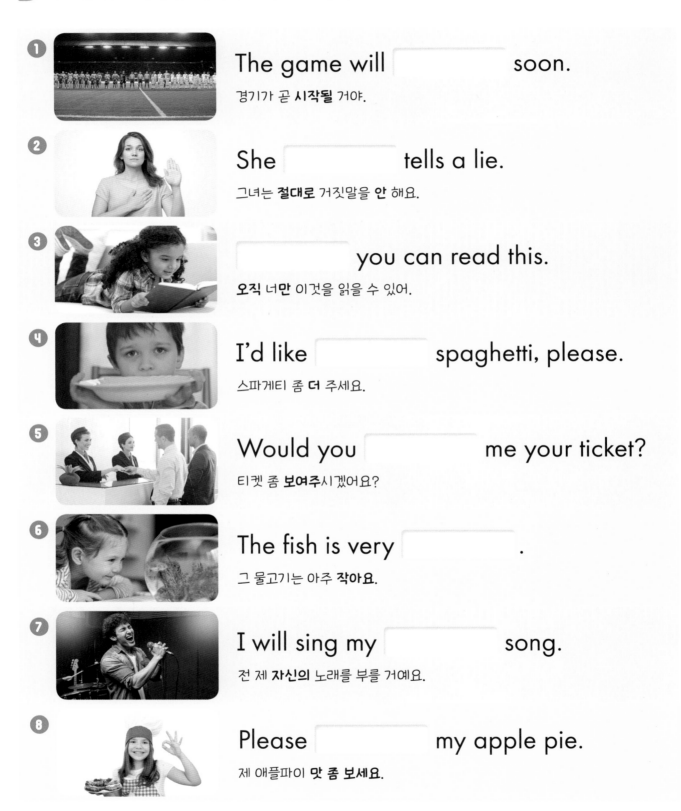

The game will _____ soon.

경기가 곧 **시작될** 거야.

2

She _____ tells a lie.

그녀는 **절대로** 거짓말을 **안** 해요.

3

_____ you can read this.

오직 너**만** 이것을 읽을 수 있어.

4

I'd like _____ spaghetti, please.

스파게티 좀 **더** 주세요.

5

Would you _____ me your ticket?

티켓 좀 **보여주**시겠어요?

6

The fish is very _____.

그 물고기는 아주 **작아요**.

7

I will sing my _____ song.

전 제 **자신의** 노래를 부를 거예요.

8

Please _____ my apple pie.

제 애플파이 **맛 좀 보세요**.

The game will start soon.
Show me your ticket, please.

This area is for staff only.
Oh, I am sorry.

STAFF ONLY

☐ game 경기　☐ soon 곧　☐ ticket 티켓, 표　☐ area 구역, 지역　☐ staff 직원

Try my apple pie, Ben!

Thank you, Grandma!

Try some more, my dear!

Run, Ben! Never give up!
You can do it!

pie 파이   give up 포기하다

기적의 사이트 워드

정답과 해석

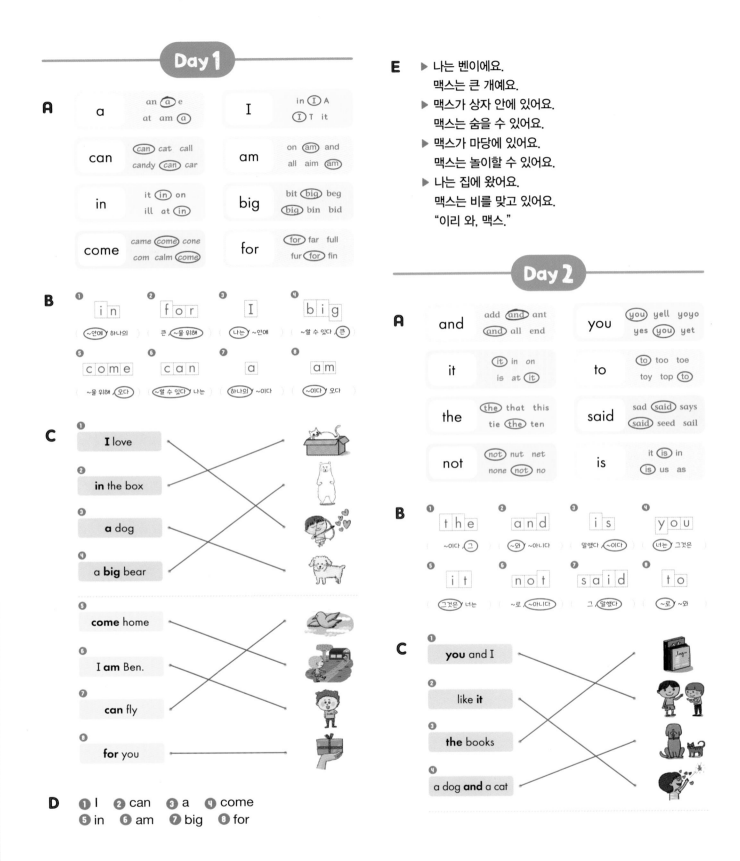

Day 1

A

a — an (a) e / at am (a)

I — in (I) A / (I) T it

can — (can) cat call / candy (can) car

am — on (am) and / all aim (am)

in — it (in) on / ill at (in)

big — bit (big) beg / (big) bin bid

come — came (come) cone / com calm (come)

for — (for) far full / fur (for) fin

B

① i n (~안에 / (하나의))
② f o r (큰 / (~을 위해))
③ I ((나는) / ~안에)
④ b i g (~할 수 있다 / (큰))
⑤ c o m e (~을 위해 / (오다))
⑥ c a n ((~할 수 있다) / 나는)
⑦ a ((하나의) / ~이다)
⑧ a m ((~이다) / 오다)

C

① I love
② in the box
③ a dog
④ a big bear

⑤ come home
⑥ I am Ben.
⑦ can fly
⑧ for you

D
① I ② can ③ a ④ come
⑤ in ⑥ am ⑦ big ⑧ for

E
▶ 나는 벤이에요.
맥스는 큰 개예요.
▶ 맥스가 상자 안에 있어요.
맥스는 숨을 수 있어요.
▶ 맥스가 마당에 있어요.
맥스는 놀이할 수 있어요.
▶ 나는 집에 왔어요.
맥스는 비를 맞고 있어요.
"이리 와, 맥스."

Day 2

A

and — add (and) ant / (and) all end

you — (you) yell yoyo / yes (you) yet

it — (it) in on / is at (it)

to — (to) too toe / toy top (to)

the — (the) that this / tie (the) ten

said — sad (said) says / (said) seed sail

not — (not) nut net / none (not) no

is — it (is) in / (is) us as

B

① t h e (~이다 / (그))
② a n d ((~와) / ~아니다)
③ i s (말했다 / (~이다))
④ y o u ((너는) / 그것은)
⑤ i t ((그것은) / 너는)
⑥ n o t (~로 / (~아니다))
⑦ s a i d (그 / (말했다))
⑧ t o ((~로) / ~와)

C
① you and I
② like it
③ the books
④ a dog and a cat

170

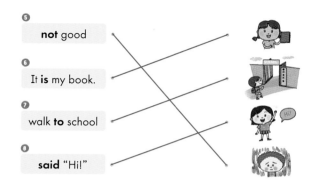

⑤ **not** good

⑥ It **is** my book.

⑦ walk **to** school

⑧ **said** "Hi!"

D ① It ② to ③ is ④ not
⑤ and ⑥ The ⑦ said ⑧ You

E ▶ 개 한 마리와 고양이 한 마리가 싸운다.
나는 "그만해!"라고 말했다.
▶ 나는 공원에 갔다.
"오, 그 개와 고양이네!
너희들은 사이 좋은 친구가 아니구나."
▶ 나는 시장에 갔다.
"아, 그 나쁜 개잖아."
▶ "생선은 고양이를 위한 것이구나.
너희들은 사이 좋은 친구구나!"

Day 3

A

we	we week wet / bee we win	one	one own oil / won out one
go	go goes do / good to go	look	took look log / luck love look
me	me am meet / mat me map	are	and ear are / are add ask
see	sea see seal / sad saw see	two	too two toe / two to top

B

① t w o
우리는 (둘)

② a r e
나를 (~이다)

③ l o o k
(보다) 하나

④ s e e
가다 (만나다)

⑤ m e
둘 (나를)

⑥ o n e
(하나) 보다

⑦ g o
(가다) 만나다

⑧ w e
(우리는) ~이다

C

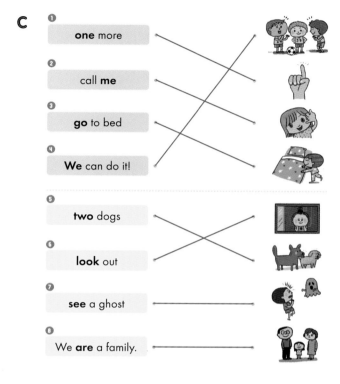

① **one** more

② call **me**

③ **go** to bed

④ **We** can do it!

⑤ **two** dogs

⑥ **look** out

⑦ **see** a ghost

⑧ We **are** a family.

D ① We ② See ③ go ④ are
⑤ two ⑥ one ⑦ Look ⑧ me

E ▶ 하나, 둘.
우리는 두 명의 형제예요.
▶ "저기 봐." / 나는 두 마리 새를 볼 수 있어요.
하지만 내 남동생은 못 봐요.
▶ "내가 도와줄게.
우리는 나갈 수 있어. / 우리는 하나야!"
▶ 하나, 둘.
두 형제는 새 두 마리를 볼 수 있어요.

Day 4

A

my	may my by / my me merry	find	fine find fin / fire fill find
make	mail mask make / made make mark	help	help hell hide / hen hold help
up	up us cup / hip up tub	three	there three throw / three truck thread
here	hear here head / hair hard here	where	when where / where wheel

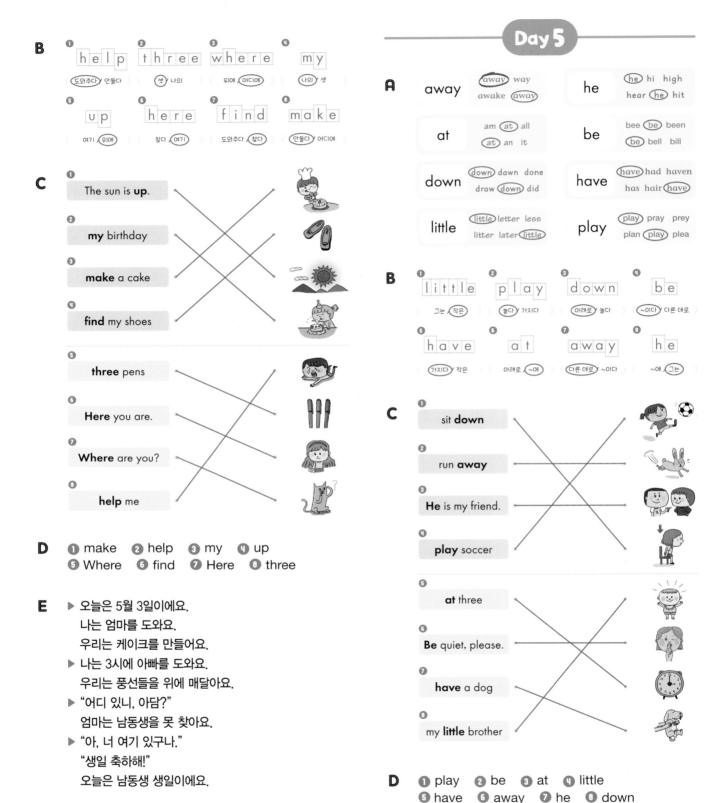

B

① h e l p
(도와주다) 만들다

② t h r e e
(셋) 나의

③ w h e r e
위에 (어디에)

④ m y
(나의) 셋

⑤ u p
여기 (위에)

⑥ h e r e
찾다 (여기)

⑦ f i n d
도와주다 (찾다)

⑧ m a k e
(만들다) 어디에

C

① The sun is **up**.

② **my** birthday

③ **make** a cake

④ **find** my shoes

⑤ **three** pens

⑥ **Here** you are.

⑦ **Where** are you?

⑧ **help** me

D
① make ② help ③ my ④ up
⑤ Where ⑥ find ⑦ Here ⑧ three

E
▶ 오늘은 5월 3일이에요.
나는 엄마를 도와요.
우리는 케이크를 만들어요.
▶ 나는 3시에 아빠를 도와요.
우리는 풍선들을 위에 매달아요.
▶ "어디 있니, 아담?"
엄마는 남동생을 못 찾아요.
▶ "아, 너 여기 있구나."
"생일 축하해!"
오늘은 남동생 생일이에요.

A

away
(away) way
awake (away)

he
(he) hi high
hear (he) hit

at
am (at) all
(at) an it

be
bee (be) been
(be) bell bill

down
(down) dawn done
draw (down) did

have
(have) had haven
has hair (have)

little
(little) letter less
litter later (little)

play
(play) pray prey
plan (play) plea

B

① l i t t l e
그는 (작은)

② p l a y
(놀다) 가지다

③ d o w n
(아래로) 놓다

④ b e
(~이다) 다른 데로

⑤ h a v e
(가지다) 작은

⑥ a t
아래로 (~에)

⑦ a w a y
(다른 데로) ~이다

⑧ h e
~에 (그는)

C

① sit **down**

② run **away**

③ **He** is my friend.

④ **play** soccer

⑤ **at** three

⑥ **Be** quiet, please.

⑦ **have** a dog

⑧ my **little** brother

D
① play ② be ③ at ④ little
⑤ have ⑥ away ⑦ he ⑧ down

E ▶ 엄마가 말해요.
　　"늦지 마!
　　멀리 가지 마!"
　▶ 놀 시간이에요!
　　나는 해변에서 놀아요.
　　거기는 멀리 떨어져 있지 않아요.
　▶ 작은 남자아이가 보여요.
　　그 애는 내 친구예요.
　　그 애는 모래 놀이를 하고 있어요.
　▶ 우리는 위아래로 갈 수 있어요.
　　우리는 수영할 수 있어요.
　　우리는 해변에서 아주 즐거워요.

Day 6

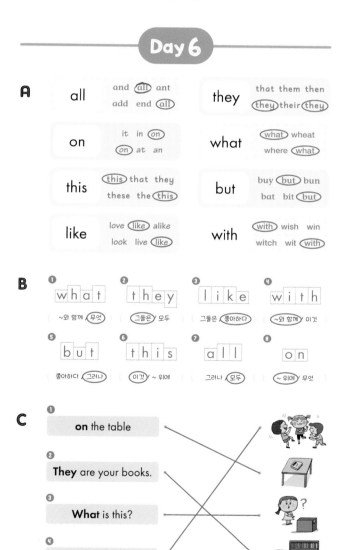

A all

B

C

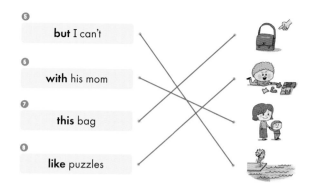

D ① like ② This ③ What ④ on ⑤ but ⑥ all ⑦ They ⑧ with

E ▶ 여자아이: 이게 뭐예요, 엄마?
　　엄마: 퍼즐이란다!
　　여자아이: 우리랑 같이 놀아요, 엄마!
　▶ 그들은 퍼즐을 좋아해요.
　　그들은 모두 즐거워해요.
　▶ 여자아이: 탁자 위에 이게 뭐예요, 아빠?
　　아빠: 새 책들이란다!
　　여자아이: 저희랑 같이 읽어요, 아빠!
　▶ 그들은 즐거운 시간을 보내요.
　　그들은 책을 좋아하지만, 곧 어린 남동생은 지루해져요.

Day 7

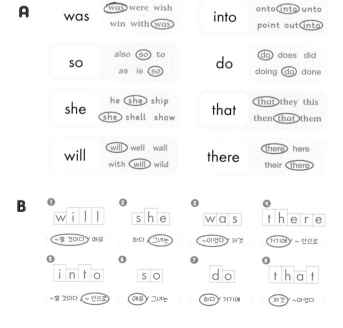

A was / into / so / do / she / that / will / there

B

C

① It **will** rain.

② **that** man over there

③ **She** is my mother.

④ **do** my homework

⑤ Thank you **so** much.

⑥ put it **there**

⑦ I **was** tired.

⑧ **into** the room

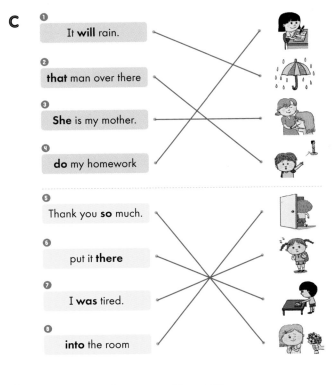

D ① Do ② that ③ will ④ She
⑤ so ⑥ was ⑦ into ⑧ there

E
▶ 매우 추운 날이었다. / 나는 무척 배가 고팠다.
▶ 나는 여동생과 함께 있었다.
그 애는 매우 지쳤다.
▶ "곧 비가 올 거야."라고 여동생이 말했다.
나는 작은 오두막을 보았고, "저것 봐!"라고 말했다.
▶ 우리는 오두막 안으로 들어갔다.
우리는 거기에 머물렀다. / 오두막은 아주 따뜻했다.

Day 8

A

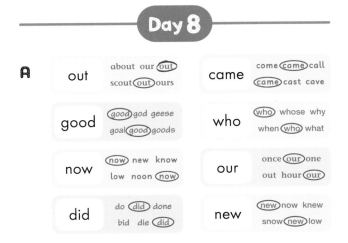

out — about our (out) / scout (out) ours

came — come (came) call / (came) cast cave

good — (good) god geese / goal (good) goods

who — (who) whose why / when (who) what

now — (now) new know / low noon (now)

our — once (our) one / out hour (our)

did — do (did) done / bid die (did)

new — (new) now knew / snow (new) low

B

① w h o (했다 (누구))
② n e w ((새로운) 왔다)
③ g o o d ((좋은) 밖에)
④ n o w (우리의 (지금))
⑤ o u t (새로운 (밖에))
⑥ d i d (지금 (했다))
⑦ o u r (좋은 (우리의))
⑧ c a m e ((왔다) 누구)

C

① You **did** a good job!

② **came** back

③ **our** school

④ go **out** and play

⑤ my **new** phone

⑥ **good** news

⑦ **Who** is that girl?

⑧ right **now**

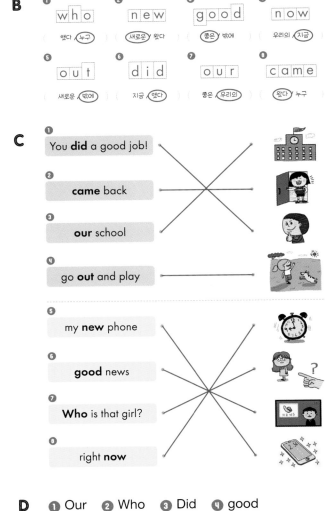

D ① Our ② Who ③ Did ④ good
⑤ now ⑥ New ⑦ out ⑧ came

E
▶ 해가 나왔다.
"이제 낚시하러 가요!"
아빠와 나는 낚시를 하러 갔다.
▶ 우리는 우리의 새 배에 타고 있었다.
우리는 낚시를 잘 못했다.
우리는 기다리고 기다렸다.
▶ "저 남자애는 누구니?" 아빠가 물었다.
그 애는 낚시를 잘했다!
▶ 우리는 그 애에게 갔다.
그건 마이크였다!
"내 물고기 봤어?" 마이크가 물었다.
그건 정말 큰 물고기였다!

A

say — (say) way said / play (say) may

no — (no) none non / to (no) low

want — went (want) win / won ant (want)

must — (must) mist mass / mask (must) much

too — to (too) took / into tie (too)

under — (under) until / wonder (under)

well — wall (well) will / (well) wool we'll

went — want wanted (went) / wet (went) well

B

① w e n t — (갔다) ~해야 하다
② t o o — ~ 아래에 (또한)
③ n o — (아니) 갔다
④ s a y — 잘 (말하다)
⑤ w a n t — (원하다) 또한
⑥ w e l l — 원하다 (잘)
⑦ m u s t — 아니 (~해야 하다)
⑧ u n d e r — (~ 아래에) 말하다

C

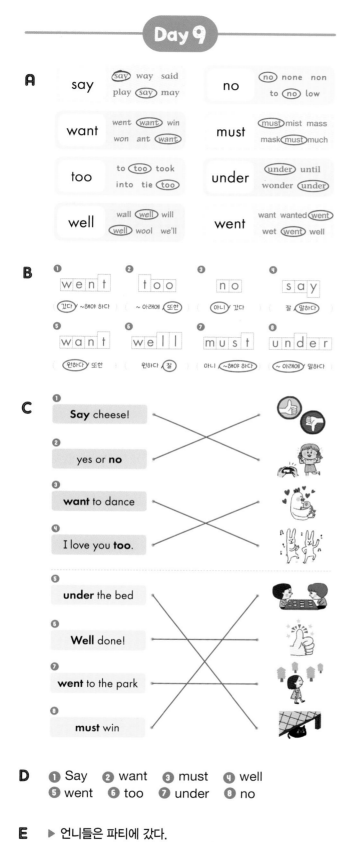

① Say cheese!
② yes or no
③ want to dance
④ I love you too.
⑤ under the bed
⑥ Well done!
⑦ went to the park
⑧ must win

D ① Say ② want ③ must ④ well ⑤ went ⑥ too ⑦ under ⑧ no

E ▶ 언니들은 파티에 갔다.

언니: 안녕, 잘 있어, 신데렐라!
나도 가고 싶다.
▶ 춤 추고 싶다.
춤을 잘 출 수 있는데.
하지만 나는 태양 아래에서 일을 해야만 한다.
▶ 요정: 네가 원하는 걸 말해 보렴.
신데렐라: 저는 파티에 못 가요.
드레스가 없어요.
▶ 요정: 내가 도와줄 수 있어.
신데렐라: 오, 고마워요!
요정: 12시 전에 돌아와야 한다.

A

an — (an) as in / on (an) us

yes — you yell (yes) / (yes) yeah yet

saw — (saw) see seen / sew sea (saw)

any — (any) and end / day (any) way

again — (again) gain / against (again)

ride — (ride) hide rode / side (ride) ring

please — (please) pleasure / pleased (please)

after — (after) afraid / (after) again

B

① a f t e r — ~ 후에 (다시)
② p l e a s e — 하나의 (제발)
③ a g a i n — (다시) 타다
④ s a w — 네 (보았다)
⑤ a n — 약간의 (하나의)
⑥ y e s — (네) 보았다
⑦ a n y — 제발 (약간의)
⑧ r i d e — ~ 후에 (타다)

C

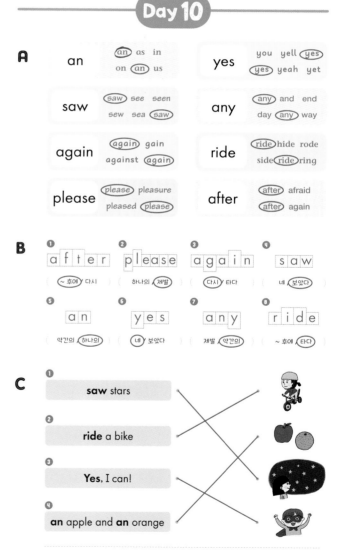

① saw stars
② ride a bike
③ Yes, I can!
④ an apple and an orange

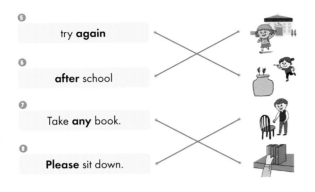

⑤ try **again**

⑥ **after** school

⑦ Take **any** book.

⑧ **Please** sit down.

D ① ride ② an ③ Please ④ saw
⑤ after ⑥ any ⑦ again ⑧ yes

E ▶ 나는 밥이 말을 타는 것을 보았다.
"내가 너의 말 좀 타도 돼?" 내가 물었다.
그 애는 된다고 했다.
▶ 방과 후에, 그 애가 자전거 타는 것을 봤다.
"내가 너의 자전거 좀 타도 돼?" 내가 물었다.
그 애는 또 된다고 했다.
▶ 또 다시 밥을 보았다.
밥은 낡은 썰매를 가지고 있었다.
"내가 네 썰매 좀 타도 돼?" 내가 물었다.
그 애는 얼굴을 찡그렸지만 된다고 했다.
▶ 나는 그의 썰매를 탔다.
그 애는 내가 썰매에서 떨어지는 것을 보았다.
"도와줄까?" 그 애가 물었다.

Day 11

A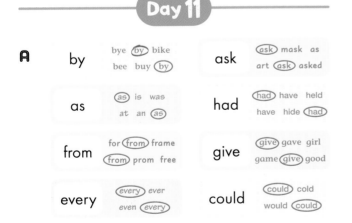

by bye (by) bike / bee buy (by)

ask (ask) mask as / art (ask) asked

as (as) is was / at an (as)

had (had) have held / have hide (had)

from for (from) frame / (from) prom free

give (give) gave girl / game (give) good

every (every) ever / even (every)

could (could) cold / would (could)

B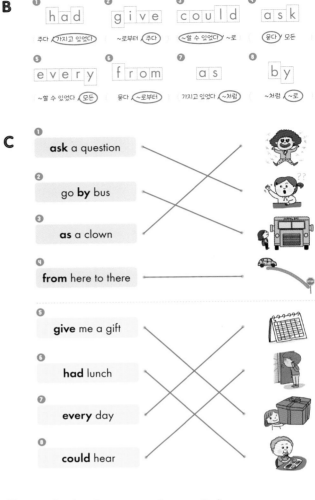

① h a d — 주다 (가지고 있었다)
② g i v e — ~로부터 (주다)
③ c o u l d — (~할 수 있었다) ~로
④ a s k — (묻다) 모든
⑤ e v e r y — ~할 수 있었다 (모든)
⑥ f r o m — 묻다 (~로부터)
⑦ a s — 가지고 있었다 (~처럼)
⑧ b y — ~처럼 (~로)

C
① **ask** a question
② go **by** bus
③ **as** a clown
④ **from** here to there

⑤ **give** me a gift
⑥ **had** lunch
⑦ **every** day
⑧ **could** hear

D ① had ② every ③ as ④ from
⑤ ask ⑥ Give ⑦ could ⑧ by

E ▶ 엄마, 선물 주세요.
저는 아침마다 이불을 정리해요.
▶ 뽀뽀해 주세요, 엄마.
점심을 다 먹었어요.
▶ 창문 옆에 서 줄래요?
저에게 질문해 보세요, 엄마.
여기서 엄마 목소리를 들을 수 있어요.
▶ 저를 안아 주시겠어요?
저는 바쁜 하루를 보냈어요.
저는 아주 바빴어요.

Day 12

A

of — (of) on off / often (of) up

some — (some) same sum / Sam (some) son

know — knee knew (know) / now (know) kneel

her — (her) hers his / him (her) hero

has — (has) have his / had (has) hard

just — dust juice (just) / must (just) jug

him — he (him) his / (him) hit her

how — (how) wow hope / cow show (how)

B

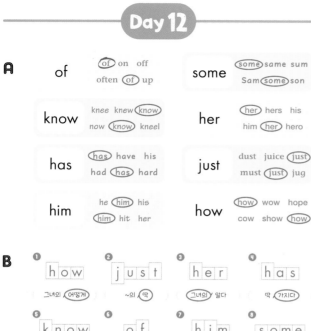

① h o w — 그녀의 (어떻게)
② j u s t — ~의 (딱)
③ h e r — (그녀의) 알다
④ h a s — 딱 (가지다)
⑤ k n o w — 가지다 (알다)
⑥ o f — 약간의 (~의)
⑦ h i m — (그에게) 어떻게
⑧ s o m e — 그에게 (약간의)

C

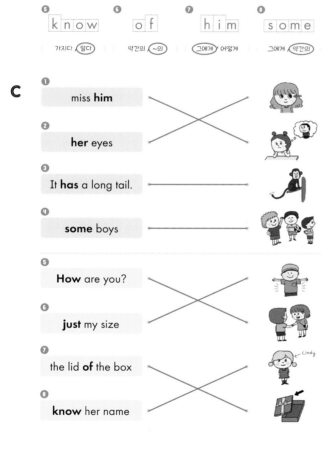

① miss **him**
② **her** eyes
③ It **has** a long tail.
④ **some** boys
⑤ **How** are you?
⑥ **just** my size
⑦ the lid **of** the box
⑧ **know** her name

D ① him ② just ③ of ④ know
⑤ has ⑥ her ⑦ how ⑧ some

E
▶ 새로운 학생이 막 왔다.
그 애의 이름은 에이미다.
▶ 그 애는 머리가 길고 금발이다.
그 애는 긴 검은 띠를 매고 있다.
▶ 밥은 다른 사람들을 괴롭히기 좋아한다.
그 애는 에이미에 대해 아무것도 모른다.
▶ 에이미는 최고의 태권도 선수 중 한 명이다.
그 애는 밥에게 태권도 하는 법을 보여준다.

Day 13

A

may — way (may) hey / man mad (may)

his — (his) hit has / hip (his) hid

live — (live) lake like / love (live) line

old — (old) all hold / fold (old) oil

once — (once) one onto / only ice (once)

open — often (open) once / over (open) only

put — (put) pit pin / fun (put) pull

over — (over) oven above / once (over) order

B

① p u t — 한 번 (놓다)
② o v e r — 열다 (~ 위에)
③ o n c e — (한 번) 놓다
④ h i s — ~ 위에 (그의)
⑤ l i v e — 그의 (살다)
⑥ m a y — 오래된 (~해도 좋다)
⑦ o p e n — (열다) 살다
⑧ o l d — ~해도 좋다 (오래된)

C

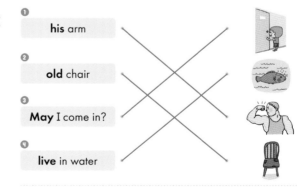

① **his** arm
② **old** chair
③ **May** I come in?
④ **live** in water

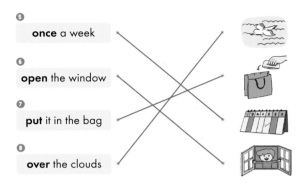

⑤ **once** a week
⑥ **open** the window
⑦ **put** it in the bag
⑧ **over** the clouds

D ❶ once ❷ live ❸ Put ❹ his
   ❺ May ❻ Open ❼ old ❽ over

E ▶ 웬디: 옛날에, 낡은 오두막이 있었어요.
   피터: 들어가도 되니?
   ▶ 피터: 책을 내려놔.
      우리는 구름 위로 날아갈 거야.
   ▶ 피터: 눈을 떠.
      저기 아래를 봐!
      나는 저 섬에 살아.
   ▶ 웬디: 여기는 그의 섬이니?
   피터: 아니, 나의 네버랜드야.

Day 14

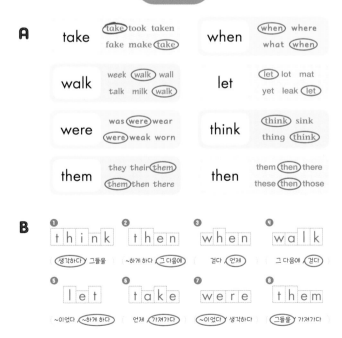

A

| take | take took taken fake make take | when | when where what when |

| walk | week walk wall talk milk walk | let | let lot mat yet leak let |

| were | was were wear were weak worn | think | think sink thing think |

| them | they their them them then there | then | them then there these then those |

B

❶ think 생각하다 그들을
❷ then ~하게 하다 그 다음에
❸ when 걷다 언제
❹ walk 그 다음에 걷다
❺ let ~이었다 ~하게 하다
❻ take 언제 가져가다
❼ were ~이었다 생각하다
❽ them 그들을 가져가다

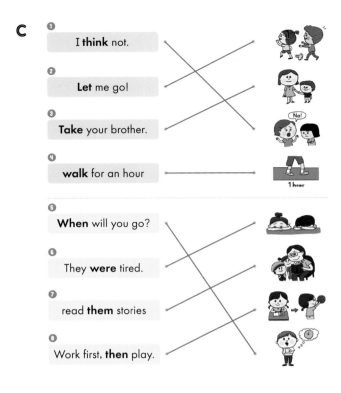

C ❶ I **think** not.
   ❷ **Let** me go!
   ❸ **Take** your brother.
   ❹ **walk** for an hour
   1 hour

   ❺ **When** will you go?
   ❻ They **were** tired.
   ❼ read **them** stories
   ❽ Work first, **then** play.

D ❶ think ❷ Let ❸ take ❹ were
   ❺ them ❻ walk ❼ Then ❽ When

E ▶ 남자아이: 밖에서 놀게 해 주세요.
   엄마: 공부 먼저 해, 그러고 나서 놀아.
   ▶ 남자아이: 다 했다! 이제 밖에 나가게 해 주세요!
   엄마: 그래. 맥스가 산책하고 싶은 것 같구나. 데리고 가렴.
   ▶ 아이와 맥스는 즐거웠어요.
      그들은 공원 주변을 달렸어요.
   ▶ 그의 엄마는 그들을 기다렸어요.
      그들이 집에 도착했을 때 저녁식사가 준비되어 있었어요.

Day 15

A

| around | around round along around | don't | don't didn't doesn't don't |

| before | before become because before | best | vest best beside beast dust best |

| does | does do did done does dose | call | call can curl called call fall |

| both | boss both bother both bold bath | because | because cause accuse because |

B

❶ c a l l
둘 다 (부르다)

❷ b e c a u s e
(~ 때문에) 가장 좋은

❸ b e f o r e
~ 주위에 (~ 전에)

❹ d o e s
(하다) ~ 때문에

❺ b e s t
~ 전에 (가장 좋은)

❻ a r o u n d
(~ 주위에) 하다

❼ d o n ' t
부르다 (~하지 않다)

❽ b o t h
~하지 않다 (둘 다)

C

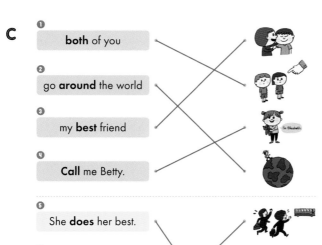

❶ **both** of you

❷ go **around** the world

❸ my **best** friend

❹ **Call** me Betty.

❺ She **does** her best.

❻ **Don't** touch it!

❼ **because** they were late

❽ **before** midnight

D ❶ don't ❷ both ❸ best ❹ Call
❺ Does ❻ before ❼ around ❽ Because

E

▶ 이 애는 나의 가장 친한 친구 제시카다.
나는 그 애를 제시라고 부른다.
▶ 우리는 둘 다 피자를 좋아한다.
우리는 둘 다 책 읽는 것을 좋아한다.
하지만 우리는 그림 그리기는 좋아하지 않는다.
▶ 우리는 언제나 함께 한다.
내가 공부하는 동안 제시는 숙제를 한다.
나는 제시가 잠 자기 전에 그 애에게 전화한다.
▶ 우리는 같은 꿈이 있다.
우리는 모험을 좋아하기 때문에 세계여행을 갈 것이다.

Day 16

A

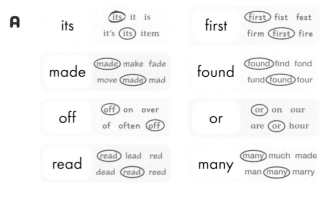

its — (its) it is / it's (its) item

first — (first) fist fest / firm (first) fire

made — (made) make fade / move (made) mad

found — (found) find fond / fund (found) four

off — (off) on over / of often (off)

or — (or) on our / are (or) hour

read — (read) lead red / dead (read) reed

many — (many) much made / man (many) marry

B

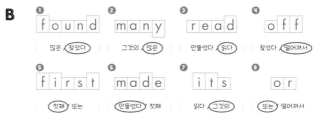

❶ f o u n d
많은 (찾았다)

❷ m a n y
그것의 (많은)

❸ r e a d
만들었다 (읽다)

❹ o f f
찾았다 (떨어져서)

❺ f i r s t
(첫째) 또는

❻ m a d e
(만들었다) 첫째

❼ i t s
읽다 (그것의)

❽ o r
(또는) 떨어져서

C

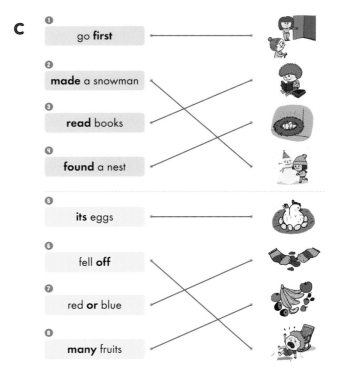

❶ go **first**

❷ **made** a snowman

❸ **read** books

❹ **found** a nest

❺ **its** eggs

❻ fell **off**

❼ red **or** blue

❽ **many** fruits

D ❶ first ❷ made ❸ Its ❹ found
❺ read ❻ many ❼ or ❽ off

E ▶ 학교 가는 첫날이다.
학교 가는 길에, 나는 많은 과일들을 발견했다.
어느 과일이 더 맛있을까, 사과 아니면 배?
▶ 가는 길에, 나는 토끼를 봤다.
토끼의 귀가 긴 것을 알아챘다.
토끼가 바위에서 점프해서 달아났다.
▶ 가는 길에, 푯말을 발견했다.
나는 푯말을 읽을 수 있었다.
▶ 학교 가는 길에, 나는 많은 것들을 발견했다.
오, 서둘러야 해!
오늘은 학교 가는 첫날이다.

Day 17

A
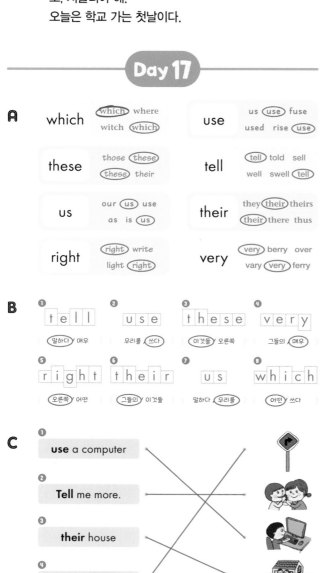

B
① t e l l 말하다 / 매우
② u s e 우리를 / 쓰다
③ t h e s e 이것들 / 오른쪽
④ v e r y 그들의 / 매우
⑤ r i g h t 오른쪽 / 어떤
⑥ t h e i r 그들의 / 이것들
⑦ u s 말하다 / 우리를
⑧ w h i c h 어떤 / 쓰다

C
① **use** a computer
② **Tell** me more.
③ **their** house
④ turn **right**

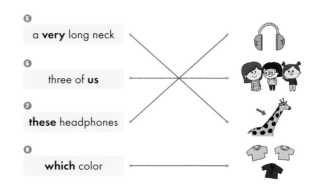

D ① us ② right ③ Which ④ Tell
⑤ use ⑥ these ⑦ Their ⑧ very

E ▶ 나는 아빠를 아주 많이 사랑한다.
아빠는 우리에게 재미있는 이야기를 해 주신다.
아빠는 세상에 대해 많은 것을 알고 계신다.
▶ 나는 엄마를 아주 많이 사랑한다.
엄마는 우리에게 로봇을 만들어 주신다.
엄마는 컴퓨터에 대해 많이 알고 계신다.
▶ 어느 날, 엄마가 우리에게 로봇 두 대를 만들어 주셨다.
엄마: 이 로봇들은 너희 것이란다. 마음껏 사용하렴.
아이: 어느 게 시작 버튼이에요? 이거예요, 저거예요?
▶ 엄마: 오, 이런! 기다려!
　　　그건 맞는 버튼이 아니야.
로봇이 그들의 집을 엉망으로 만들어 버렸다.

Day 18

A

B

① better (더 좋은 / 너의)
② carry (~해 주실래요? / 나르다)
③ why (왜 / ~에 대하여)
④ write (왜 / 쓰다)
⑤ your (쓰다 / 너의)
⑥ work (일하다 / 나르다)
⑦ would (더 좋은 / ~해 주실래요?)
⑧ about (~에 대하여 / 일하다)

C

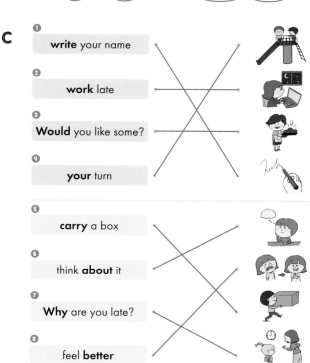

① write your name
② work late
③ Would you like some?
④ your turn
⑤ carry a box
⑥ think about it
⑦ Why are you late?
⑧ feel better

D
① your ② write ③ better ④ about
⑤ Would ⑥ Why ⑦ work ⑧ carry

E
▶ 엄마에게,
제 걱정은 하지 말아요.
저 혼자 책가방을 들고 갈 수 있어요.
▶ 걱정 마세요.
이제 더 잘 읽어요.
영어로 쓸 수도 있어요.
▶ 엄마는 항상 우리 가족을 위해 열심히 일해요.
그리고 미소를 잃지 않으시죠.
엄마의 미소는 저를 행복하게 해요.
▶ 그래서 이 편지를 썼어요.
고마워요, 엄마.
아주 많이 사랑해요.

A

long (long / look / loud / along / look / long)
far (far / fur / fan / fade / far / fall)
much (many / much / math / mess / match / much)
keep (keep / kept / key / kill / keep / kind)
if (if / in / ill / is / if / of)
kind (kite / mind / kind / king / kind / bind)
light (fight / light / right / light)
hurt (heart / hurt / hard / hurt / hire / high)

B

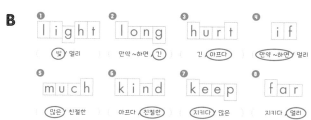

① light (빛 / 멀리)
② long (만약 ~하면 / 긴)
③ hurt (긴 / 아프다)
④ if (만약 ~하면 / 멀리)
⑤ much (많은 / 친절한)
⑥ kind (아프다 / 친절한)
⑦ keep (지키다 / 많은)
⑧ far (지키다 / 멀리)

C

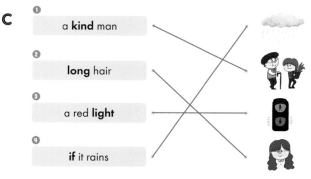

① a kind man
② long hair
③ a red light
④ if it rains
⑤ keep your word
⑥ far from here
⑦ not have much money
⑧ hurt you

D
① if ② light ③ kind ④ long
⑤ keep ⑥ hurt ⑦ far ⑧ much

E ▶ 학교까지 길이 멀단다.
　　엄마 말을 잘 들으면 안전할 거야.
　▶ 빨간불에서 멈춰.
　　항상 안전하게 있어.
　▶ 학교에서는 규칙들을 지켜야 해.
　　다른 친구들에게 친절하고.
　▶ 다른 아이들을 다치게 하지 말고.
　　너무 큰 소리로 떠들지 말고.
　　학교에서 멀리 떨어진 데 가지 말고.

Day 20

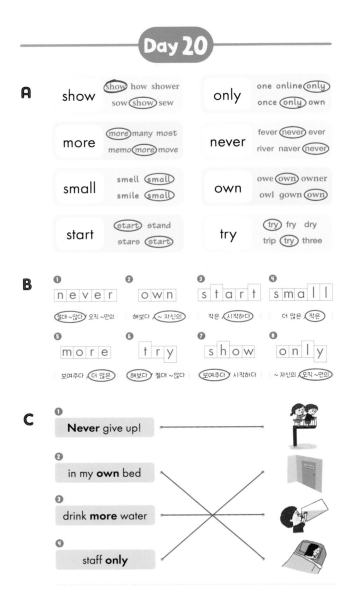

A

show — (show) how shower / sow (show) sew

only — one online (only) / once (only) own

more — (more) many most / memo (more) move

never — fever (never) ever / river naver (never)

small — smell (small) / smile (small)

own — owe (own) owner / owl gown (own)

start — (start) stand / stars (start)

try — (try) fry dry / trip (try) three

B

❶ n e v e r — 절대 ~않다 / 오직 ~만의
❷ o w n — 해보다 / ~ 자신의
❸ s t a r t — 작은 / 시작하다
❹ s m a l l — 더 많은 / 작은
❺ m o r e — 보여주다 / 더 많은
❻ t r y — 해보다 / 절대 ~않다
❼ s h o w — 보여주다 / 시작하다
❽ o n l y — ~ 자신의 / 오직 ~만의

C

❶ **Never** give up!
❷ in my **own** bed
❸ drink **more** water
❹ staff **only**

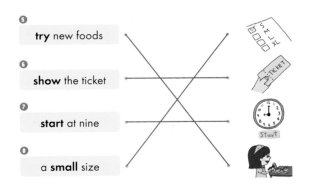

❺ **try** new foods
❻ **show** the ticket
❼ **start** at nine
❽ a **small** size

D ❶ start ❷ never ❸ Only ❹ more
　　❺ show ❻ small ❼ own ❽ try

E ▶ 할머니: 경기가 곧 시작될 거야.
　　직원: 표를 보여주세요.
　▶ 경비원: 이 구역은 직원 전용입니다.
　　할머니: 아, 죄송해요.
　▶ 할머니: 내 애플파이 먹어보렴, 벤!
　　벤: 고마워요, 할머니!
　　할머니: 좀 더 먹어라, 아가야!
　▶ 할머니: 달려라, 벤! 절대 포기하지 마!
　　　　　너는 할 수 있어!

기적의 외국어 학습서

	기본서 (필수 학습)	특화서 (보완/강화 학습)
유아 종합	만 2세 이상 만 3세 이상 만 5세 이상 만 5세 이상	 3세 이상 전 12권 3세 이상 전 12권 3세 이상 전 12권 3세 이상
파닉스	만 6세 이상 전 3권  만 7세 이상 전 3권	기적의 사이트 워드 1~3학년
단어	기적의 초등 영단어 Starter 출간 예정 3학년 이상 전 2권 5학년 이상 전 3권	기적의 맨처음 영단어 1~3학년
읽기	7세~1학년 전 3권 2, 3학년 전 3권 4, 5학년 전 2권 6학년 이상 전 2권	1~3학년 전 3권
영작	4학년 이상 전 5권 5학년 이상 전 2권	3학년 이상 4, 5학년  5, 6학년 5학년 이상
문법	2학년 이상 전 5권 4학년 이상 전 3권	 3학년 이상 전 2권 6학년
회화 듣기	기적의 영어 듣기 출간 예정	 3학년 이상 전 2권

초등 필수 무작정 따라하기

초등 영어 교육과정과 밀착된 필수학습을 한 권으로 총정리해 줍니다.

| 1학년 이상(출간 예정) | 1학년 이상(출간 예정) | 1학년 이상 | 1학년 이상 | 3학년 이상 |

미국교과서 READING

문제의 차이가 영어 실력의 차이, 통합사고 논픽션 프로그램

| 초등 초급 전 3권 | 초등 초급 전 3권 | 초등 중급 전 3권 | 초등 중급 전 3권 | 초등 고급 전 3권 | 초등 중급 전 2권 | 초등 중급 전 2권 | 초등 중급 전 3권 |

흥미로운 컨텐츠의 학습서

액티비티가 풍부한 유아 워크북, 노래로 배우는 영어,
디즈니 대본으로 배우는 회화표현 등 재미가 가득한 유초등 영어 학습서

| 4세 이상 | 4세 이상 | 3세 이상 | 3세 이상 | 3세 이상 | 3세 이상 | 3세 이상 | 3학년 이상 전 2권 |

| 2학년 이상 | 3학년 이상 | 3학년 이상 | 3학년 이상 | 3학년 이상 | 3학년 이상 | 3학년 이상 | 3학년 이상 |

| 3학년 이상 | 3학년 이상 | 유아 전 5권 | 유아 |

Can You Read This?

앞에서 배운 사이트 워드와 파닉스 단어가 담긴 문장 읽기 연습을 통해 리딩 자신감을 키워보세요.

Day 1 /a/ words

- I am s a d.
- I r a n f a st.
- I come for D a d.
- I can t a p a big p a n.
- A f a t c a t in the big b a g.
- D a d in the v a n can n a p.

Day 2 /e/ words

- B e n said to M e g.
- The t e nt is not w e t.
- It is not a r e d p e n.
- T e d said, "You b e t it is."
- You and I f e d the h e n.
- The h e n is in the n e st.

Day 3 /i/ words

- K i ss me.
- We d i g one p i t.
- We w i ll f i ll the b i n.
- The k i d l i cks the b i b.
- Look at the two f i gs.
- Go and see the s i x p i gs.

Day 4 /o/ words

- L o ck up the door.
- Here are my s o cks.
- Where is my d o g?
- I make three h o td o gs.
- Help m o m find the m o p.
- Help me make a p o p-up ad.

Day 5 /u/ words

- He h_u_gs his p_u_p.
- I have a c_u_p of n_u_ts.
- Be away from the s_u_n.
- Can he r_u_n down the hill?
- The little p_u_p is in the t_u_b.
- They played and d_u_g in the m_u_d.

Day 6 a_e words

- What is on s_a_le?
- They will b_a_ke a c_a_ke.
- T_a_ke this v_a_se with you.
- But they are all the s_a_me.
- They like the sh_a_pe of a pl_a_ne.
- What is the n_a_me of this l_a_ke?

Day 7 i_e words

- That was so w_i_de.
- His w_i_fe will do it.
- She will r_i_de a b_i_ke.
- There was a long l_i_ne.
- She will d_i_ve into the water.
- It was f_i_ve t_i_mes the s_i_ze of my k_i_te.

Day 8 o_e words

- That is a good j_o_ke.
- Did you p_o_ke the dog?
- It is our new dress c_o_de.
- I h_o_pe this is good news.
- You need a new h_o_se now.
- Who came out with the r_o_pe?

Day 9 u_e words

- I use the tube well.
- I want a flute, too.
- I must say, you look cute.
- Don't be rude. Say hello.
- No, we went there in June!
- They are under the huge bed.

Day 10 L, R blends

- Please clap.
- Yes, I can write.
- I saw an old truck.
- Click any blue links.
- Grass grows after rain.
- You can ride the train again.

Day 11 S blends

- It is good as a snack.
- Give me some space.
- I saw smoke from there.
- The switch is by the door.
- He had a smile every time.
- Could I ask you to speak up?

Day 12 ch, sh, ph, th words

- Just watch her.
- He has some fish.
- I know how to catch him.
- How was your math test?
- You know, I wish I could be here.
- What do you think of this photo?

Day 13 kn, qu, mb, ng words

- I may be wrong.
- Long live the queen!
- Put your thumb over here.
- It was quite good once.
- Knock and the door will open.
- Bring me some of his old toys.

Day 14 ai, ay words

- Let me pay for this.
- Let them pray for me.
- When does it sail?
- Then they will walk in the rain.
- I think about them day and night.
- I think we were going to take the train.

Day 15   ea, ee words

- The green tea is the best.
- Don't eat a meal before bed.
- The queen does as she likes.
- It's a seat around the table.
- Call me, I will meet both of you.
- I don't sleep well because of the heat.

Day 16   oa, ow words

- He made his first toast.
- A car went off the road.
- We don't have snow or rain.
- We found many boats on the coast.
- The goat will think you are its mother.
- I know it is good to read many books.

Day 17   oi, oy words

- Use the right oil, please.
- The soil is not very good.
- Will you join us for a game?
- These are their coins, right?
- These boys are very smart.
- Tell us which toy he will like.

Day 18   oo words

- This room looks better.
- All food would be free.
- Let me carry your books.
- That is why I am so cool.
- It would be better to cook.
- Write about your school work.

Day 19   ou, ow words

- I have a long blouse.
- My house is far from the town.
- It looks like a light tower.
- The clowns didn't hurt much.
- The kind man will keep the crown.
- What would you do if you found a mouse?

Day 20   ar, or, er, ir, ur words

- Try some more pork.
- It is only a small part.
- Can I try on this shirt?
- The dog never barks at us.
- Show me your card, please.
- Can I start at my own yard?